书山有路勤为径,优质资源伴你行
注册世纪波学院会员,享精品图书增值服务

十倍创新

张立 · 著

企业十倍增长的底层逻辑

未经许可，不得以任何方式复制或抄袭本书之部分或全部内容。
版权所有，侵权必究。

图书在版编目（CIP）数据

十倍创新：企业十倍增长的底层逻辑 / 张立著.
北京：电子工业出版社，2024. 11. -- ISBN 978-7-121-49040-8
Ⅰ．F273.1
中国国家版本馆CIP数据核字第20242WM708号

责任编辑：吴亚芬
印　　刷：三河市良远印务有限公司
装　　订：三河市良远印务有限公司
出版发行：电子工业出版社
　　　　　北京市海淀区万寿路173信箱　邮编100036
开　　本：720×1000　1/16　印张：15　字数：240千字
版　　次：2024年11月第1版
印　　次：2024年11月第1次印刷
定　　价：78.00元

凡所购买电子工业出版社图书有缺损问题，请向购买书店调换。若书店售缺，请与本社发行部联系，联系及邮购电话：（010）88254888，88258888。
质量投诉请发邮件至zlts@phei.com.cn，盗版侵权举报请发邮件至dbqq@phei.com.cn。
本书咨询联系方式：（010）88254199，sjb@phei.com.cn。

推荐序一

2023年，比亚迪新能源汽车销售量达到302万辆，稳居全球新能源汽车销售量第一车企的宝座，与此同时，中国在2023年超越日本成为全球第一的汽车出口国。回过头来看，我多年前对中国汽车行业所做的判断都在不断应验，并且有不少地方给我带来意外的惊喜。早在2019年，我以长期视角提出了汽车行业的三大发展趋势。

第一，行业估值逻辑已经改变，从"周期"变为"大消费"和"大科技"逻辑。一是传统车企"制造"估值逻辑变为"消费"逻辑；二是部分汽车新贵和造车新势力公司估值呈现"科技"逻辑，技术壁垒高与产品体验佳的车企可以得到更高的估值。

第二，科技新纪元以来，汽车行业以技术路径正确为王。技术革命以来，长期视角下汽车行业投资逻辑应切换为科技投资，以技术路径正确为王。技术变革将赋予汽车全新的定义：一是智能化，二是互联化。

第三，基建革命将至，为汽车行业发展带来新机遇。在"新基建"中，5G、大数据、人工智能、工业互联网等都成为下一阶段发展重点，对智能汽车以及智慧交通、智慧城市相关设施建设都有着重要的意义。"新基建"的推进将加快包括汽车技术研发、商业模式、生产模式等领域的创新速度，对汽车行业将产生颠覆性变革。

从比亚迪近三年的产品、技术、营收、利润、市值、品牌知名度、市场等方面来分析，我以上的趋势判断得到了完全验证。其实比亚迪是在汽车大周期中崛起的，因为汽车行业的整个产量超过销量，从结构来看，汽车已经到了产能严重过剩的时代，但是比亚迪能够逆风而起、逆周期而高歌猛进，其中的奥秘就是比亚迪完全与汽车行业的发展趋势相契合。

比亚迪30年的创新发展充分证明：无论是创业企业，还是相对成熟的企业，抑或是上市公司，都要回归企业价值的本源，努力提升企业价值；要构筑资本护城河，用金融思维创造价值。在2019年，我曾提出"每个赛道都很拥挤，创业者要先保证不被挤下去"，相应地，我也提出几点应对之策。

第一，深挖洞。首先我们要做好风险控制（以下简称风控）。风控表现在很多方面，包括企业的流动性管理。我们需要学会如何判别周期，以确保流动性相对充裕，不仅是财务方面的流动性。比如，在现在经济不景气的情况下，融资时要适当地拉长周期，融入一些长期资金。风控还意味着企业要持续稳健经营，这些都是很困难的。过去几年，很多机构在业务上都表现得过于激进，能挣快钱就不愿意挣长钱，能投机就绝不进行价值投资。但是这两年出现很多问题之后，我发现风控能力太重要了，必须修炼内心，抵制诱惑。

第二，广积粮。用更开放的视角和心态配置资源，运用聪明才智，通过提高我们的认知能力、资源掌控能力，将一家企业做大、做强或者做精。我认为认知能力特别重要，目前的竞争不是单纯比拼原始资本金的多少，而主要是认知能力：如何判断内外环境，如何判断赛道，如何思考新的商业模式。

第三，早称王。企业家的目标是使企业成为一个行业或者一个领域，至少是一个细分行业的龙头企业。如果能够新创造一个赛道，那是最好的。在既定的赛道上（比如在中国，几乎所有的创业者所处的赛道都很拥挤），创业者当然希望跑到前头去，但首先得保证自己不被挤下去。中国的企业家是很辛苦的一个群体，"活到老干到老"，不停地奋斗，同时要规避一些商业风险。

第四，不称霸。我们要与政府、社会、自然环境友好相处。此外，很多企业家在这几年遇到的困难印证了这一点：过去成功的经验在某些情况

推荐序一

下反而成为失败的根源。这些企业家的沉沉浮浮，其原因有很多，包括外部环境变化、自身问题、过度的膨胀和自信、触及红线等。因此想要做好企业，就要不称霸。

比亚迪作为中国民营企业的优秀代表，见证了中国民营企业的发展壮大、崛起、追赶和超越。比亚迪的发展历史和经验，对中国的民营企业非常具有借鉴意义。首先，作为制造业的代表，它见证了中国制造业从低端走向高端的发展历程；其次，在美、日、欧汽车巨头长期占据主导地位的汽车行业中，它实现了弯道超车，增强了中国实现自主创新、技术自主的信心；最后，它坚守实业之路，以实业为体、资本为用，是产融互动的典范。

本书揭开了比亚迪经营管理的神秘面纱，对比亚迪的经营管理经验进行总结、提炼并广泛传播，这对中国企业的发展无疑是一件善事。张立博士作为战略与组织变革专家，二十年如一日专注于"战略与组织变革创新"领域的研究和实践，具有丰富的企业经营管理一线经验。在为近百家大中型企业提供咨询服务的同时，他积累了大量中国企业经营管理的典型案例。鉴于张立博士曾经在比亚迪任职且主持过管理变革，因此，由他来揭开比亚迪经营管理的神秘面纱是最合适不过了。

我长期从事能源、宏观经济与政策研究工作，对张立博士在本书中提出的企业市值管理非常"6+1"模型印象非常深刻，并且与之产生了灵犀相通的共鸣。该模型创造性地总结和提炼出影响市值的7个因素，即产业空间与竞争结构、商业模式与战略方向、人才密度与人才体系、组织能力与组织活力、经营指标与运营效率、4R关系与股东结构、创新能力。这些因素与我对中国众多上市企业的长期观察和研究的结论是相吻合的。张立博士以比亚迪作为案例进行鞭辟入里的分析，会给读者带来更多的启发和领悟。

比亚迪走的是一条"技术为王，创新为本"的发展之路。正如张立博士在书中所总结的，比亚迪是"十倍创新，十倍增长"的典范。十倍创新往往意味着从低端逆袭，注重边缘创新，以弱胜强，而比亚迪走的正是这样一条路径。比亚迪采用十倍创新的竞争模式，不盲目追随传统车企的步伐和节奏，而是寻找与竞争对手差异化的领域进行竞争，独辟蹊径地运用拆解、组合、整合、跃迁的拆解组合原理，保持其自身独特的技术优势与管理优势，创造核心竞争力。同时，比亚迪还在运营层、产品层、战略层、组织层等方面进行持续创新。在当今宏观环境下，对于寻求突破的中国企业而言，比亚迪的十倍创新视角和思路无疑为他们指明了一个方向。

此外，书中还提出了很多独具视角和原创性的观点或模型，如十倍创新、多元结构思考力、二元组织系统、学创型组织等，这些观点或模型对企业的价值管理都有很强的实用性与指导意义。

"放眼世界，我们面对的是百年未有之大变局"，企业要回归企业价值的本源，唯有"创造价值、经营价值"才是永恒的追求，也是企业存在的终极目的。正如书中所言，实现十倍创新，则能带来十倍增长。本书无疑是中国企业管理者值得一读的好书！

管清友

著名经济学家

全国工商联智库委员会委员

如是金融研究院院长

推荐序二

2023年《财富》杂志发布了中国最具影响力的50位商界领袖榜单，比亚迪创始人王传福位居榜首，字节跳动创始人张一鸣位居第二，华为创始人任正非位居第三。2023年，比亚迪新能源汽车的销售量达到302万辆，持续稳坐中国新能源汽车销冠、全球新能源汽车销冠宝座。比亚迪更是中国少有的市值超过万亿元的制造型企业，旗下一共有三家上市公司，同时布局了内地与香港两地的资本平台。

王传福雄踞国内多个影响力榜单的榜首。在极高的关注度下，比亚迪却显得极其神秘，市场上几乎找不到系统地解构比亚迪公司管理方面的资料，也几乎找不到系统地解析王传福的资料，即使有，也是零零碎碎地片面解读王传福讲话的资料。

张立博士通过在比亚迪的工作经历，比较系统地总结了比亚迪的创新基因与王传福的底层思维，从多元结构思考力出发，提出了十倍创新的概念。个人认为，这是目前市场上较有深度地系统解构比亚迪十倍速增长密码的书，特别是用十倍创新这个词来总结比亚迪的成功，是比较贴切的。更加难能可贵的是，十倍创新不仅适合比亚迪，也适合华为及其他科技公司。"十倍创新"是张立博士的原创思想，是一套普遍适用的创新方法论。

本书提出的十倍创新方法论体系与"1+6"十倍创新经管模型，以比亚迪、华为等企业的创新实践为研究对象，深度剖析了比亚迪、华为等企业以创新驱动高质量增长的底层逻辑，形成了一套企业高质量增长的经管系统方法。这套创新方法论有利于帮助中国企业强化创新能力，提升经营水平，实现企业转型升级与持续成长。

全书一共七章，包括十倍创新、十倍创新战略、十倍创新组织、十倍创新人才、十倍创新执行、十倍创新文化、十倍创新资本。书中首次公开了作者原创的数十个高质量实用管理模型，这也是全书的精华所在。最终，本书从"十倍创新，十倍增长"的目标出发，以比亚迪、华为等企业的优秀管理实践为案例，系统地阐述了十倍创新方法论体系。

具体来说，本书具有如下特点。

第一，本书是成功实践的经验总结。

十倍创新方法论体系与"1+6"十倍创新经管模型是从比亚迪十倍速增长的持续成功的实践中总结、提炼出来的，不是照本宣科地根据理论分析和条件假设构建的管理模型，而是能够真正运用到实践中、指导实践的企业经营管理系统。德鲁克说，管理不在于"知"而在于"行"，其验证不在于逻辑，而在于成果。本书是作者从企业成功实践中总结出来的实战成果。

第二，本书具有原创性与开创性。

本书提出了大量的创新性思想与模型。比如，原创性思想有十倍创新思想，十倍创新的元能力——多元结构思考力思想，技术同根、客户同源、人才复用的十倍创新战略思想，将组织划分为创新型组织与运营型组织的二元性组织思想等。原创性的模型有十倍创新系统框架模型、多元结构思考力冰山模型、人才管理的CAD模型、十倍创新领导者五力模型、流程管理的二二五六模型、企业文化建设的一二三四五模型、企业市值管理非常"6+1"模型等。原创性思想与模型的道术结合，极大地提升了本书的深刻性与落地性。

第三，本书具有系统性与完整性。

本书从创新之道出发，探讨比亚迪创新的底层逻辑，拆解组合原理，并基于多元结构思考力，独创了十倍创新方法论体系。这套方法论体系被运用于战略、组织、人才、执行、文化、资本六大方面，构成了完整的

推荐序二

"1+6"十倍创新经管模型。该模型既有符合企业实际的原理与思想,又有大量的模型、工具与方法,几乎能满足企业所有部门的对标学习需求。类似中医看病,本书的系统性与完整性为企业变革带来的价值远远大于西医式的专科治疗。这也是中国咨询界中式咨询的独特魅力所在。而国内大量引进的西方咨询公司专科式咨询最大的不足之处就在于其"头痛医头、脚痛医脚"的咨询方式,缺乏系统性与完整性,难以给企业带来系统性改变,从而失去持续增长的机会。

中国改革开放已历经40多年,中国已经成为全球第二大经济体,部分中国企业在全球占有举足轻重的地位。中国式的管理体系,终将崛起于世界管理之林。如果要研究中国式管理,比亚迪就是其中一个比较典型的案例。

比亚迪没有像华为一样经历过管理模式的全盘西化,没有大规模引入国外的咨询公司,其所有的创新方法与管理方法,都是从中国的文化体系中成长起来的。可以说,比亚迪是一家依托本土管理思想成长起来的中国式管理的公司。所以,本书所探讨的比亚迪的管理方式,是中国式管理的一次经典探索,其所探讨的各种思想、模型、工具、方法,不仅适合比亚迪,也适合其他公司。

以斯为序。

岑维
北京大学汇丰商学院副教授
康奈尔大学经济学博士

前言
一切技术都是"纸老虎"

> 诗曰：白马长枪飘如诗，鲜衣怒马少年时。只今只道只今句，梅子熟时栀子香。无人扶我青云志，我自踏雪至山巅。我本无意惹惊鸿，奈何惊鸿入我心。少年自当扶摇上，揽星衔月逐日光。苦尽甘来终有时，一路向阳待花期。

2004年，我在比亚迪负责干部管理项目变革工作，遇到了一位前来学习比亚迪管理的老板。他是比亚迪的早期客户，对比亚迪的情况比较了解。他说，比亚迪最核心的能力是能够一次次地突破日本人的技术封锁，这背后最有价值的就是比亚迪的创新方法。而他就没能在技术上实现根本性突破，只能买比亚迪的电芯进行组装，利润比较微薄。

比亚迪最早是生产镍镉电池起家的，之后又生产镍氢电池与锂离子电池，每次都能掌握核心技术。特别是在大规模生产锂离子电池时，随着手机的大规模普及，锂离子电池的价格水涨船高，比亚迪达到了第一阶段的发展高峰并于2002年成功在中国香港上市。如果一次创新成功是偶然，那一次又一次创新成功的背后一定有方法论。锂离子电池的制造阶段对比亚迪的成长具有深远影响。在这个阶段，比亚迪的创新思维模型和组织创新基因基本成型。这些因素共同为比亚迪的未来发展奠定了坚实的基础。

在比亚迪准备生产锂离子电池时，当时的锂离子电池生产王者是日本的企业，特别是索尼与三洋，它们通过把持相关生产专利，垄断电池生产设备，继而垄断整个锂离子电池产业，攫取高额利润。当时如何突破日本企业的生产专利封锁与设备封锁，是比亚迪要规模化发展的核心问题。那时日本的全自动锂离子电池生产设备不仅价格昂贵到比亚迪买不起，而且生产周期长，还限制购买数量。即使交了订金，也不一定能按时拿得到货。最终，比亚迪的创始人王传福决心自己造生产设备。他把买回来的二手锂离子电池生产设备拆解之后重新组合，把国内没有的自动化生产设备用人工流程代替。最终通过以"夹具+人工"的方式，成功搭建了半自动化的锂离子电池生产线。半自动化的锂离子电池生产线虽然没有日本的自动化流水线生产效率高、质量稳定，但是优势是价格便宜。

尝到了拆解组合原理这套创新方法甜头的比亚迪在这条路上一发不可收拾，变成做什么事都想要用拆解组合原理来重新做一遍。例如，生产电池，把电池拆成正极、隔膜、负极、电解液、外壳5大件，分别设立部门进行制造；生产手机，把手机拆成21个大零件、13000个小零件；生产电动汽车，把车拆成了1000多个零件；经营管理同样可以被拆成七元一次方程式。王传福曾说："一切技术都是'纸老虎'！"这种自信正是来自对自己这套创新方法的信心。

与我一起聊天的这位老板是中国最早做锂离子电池组装的人之一。当时比亚迪不仅生产不同电池的核心部件电芯，还将其出售给其他生产厂商做组装。这位老板选择向比亚迪购买电芯进行组装，是因为有电芯的生产专利障碍且日本的电池生产设备的天价是他所无法承受的。而比亚迪则突破了这两个难题，拥有了成功的核心技术。最终，比亚迪的创新方法论也成为比亚迪今天的核心创新基因，这个方法就是拆解组合原理。

拆解组合原理在比亚迪多年的运用中愈加成熟，我通过进一步归纳整理，将之提炼成一个简单的模型，其有四个步骤，即拆解、组合、整合、跃迁，类似PDCA循环。

第一，拆解。

物理学的基本研究方法之一就是拆解。从分子拆解到原子，从原子拆解到电子与质子，再将质子继续拆解成夸克，每往更小单元拆解一次，物理学就大大进步一次。比亚迪锂离子电池的研发也是用的这种方法。

锂离子电池主要由五部分组成，其中正极、隔膜、负极、电解液的技术含量比较高，特别是电解液的配方。比亚迪从电解液的专利研发开始，正极、隔膜、负极全部是购进成品进行裁剪组装的。只要自己生产电解液，售价就可以达到成本的15倍，这是比亚迪最初的核心利润来源。随着研发技术的持续进步，比亚迪逐步成立正极事业部、负极事业部等，并对电池的各部件逐步拆解、逐步自制，减少外购成本。

第二，组合。

组合的根本在于要素的选择与次序的编排，不同要素的选择等于不同结构的选择，相同要素不同次序的组合产生的结果也完全不同。金刚石与石墨都是由碳元素组成的，却因为内部结构的不同，导致硬度完全不一样，产品的性能也完全不一样。

这种结构化的拆解与重新组合思维，是物理学常用的研究方法之一。而将这种物理学的研究方法迁移到公司管理上，将产生巨大的管理成效。例如，将大石头、小石头、沙子和水尽量多地装进一只桶里，先装什么、后装什么才能得到最大重量呢？试验的结果表明，按不同的次序进行填装，能装的平方数相差甚远。时间管理法则也一样，先做什么、后做什么，次序不同，效率完全不同。正如《大学》所说，"知所先后，则近道矣"。

要素的选择在产品开发时很简单，通过查阅相关的专业资料及实物拆解，就可以完全确定。但如果迁移到管理上，则需先借助专业的学科知识，将影响事物发展的重点要素提炼出来，再进行拆解与重新组合。

当年乔布斯将iPad、手机、互联网三个功能组合在一起，制作成一个iPhone手机，这是一个重新定义了手机的伟大创新。

无人机如果不加摄像头，那它就仅是一个无人机，没有任何实用价值与意义，但是一旦加上了摄像头，就变成了航拍无人机，其身价也成倍地增加，而且还能加上各种不同的功能。

茑屋书店和普通书店最大的区别是，茑屋书店开辟了休闲区，不但能够阅读，还有咖啡、文创用品、生活用品、娱乐用品等，甚至还开发了一个用于买书和消费的卡。

如今我们的微信、支付宝也一样，原来只是App，加上支付功能后变成了一个强大的在线支付平台，在全国得到了普及和应用，甚至改变了我们的生活习惯。

拆解与组合是一体的，拆解的目的是重新组合。

第三，整合。

在制造产品及管理企业时，所面对的问题的复杂性有可能远远大于物理学中的实验假设的复杂性，仅做要素的重新拆解与重新组合有时远远不够，还要将拆解与组合进一步整合。

整合就是将拆解与组合进一步系统化，上升到更高、更深、更全面的层次进行拆解与组合。从电池的拆解组合到手机整机的拆解组合，再到新能源汽车的拆解组合，从单个产品制造的拆解组合到整个产业链的整合，从点到线，从线到面，拆解组合从单体的拆解组合演变成了更高的产业链的拆解组合。

整合是从内部的拆解组合，扩展到整个供应链体系与营销体系，把供应商、客户都整合进来，形成了一个完整的产业链整合大循环。比如，针对比亚迪的主要大客户诺基亚、摩托罗拉等企业进行"一站式服务"，即将产品从电池扩展到手机配件的其他产品，以实现手机生产的系统最优效应。这种策略被称为"垂直整合"。

2003年，比亚迪开始进军汽车产业，将在手机产业链上积累的垂直整合策略，运用在汽车制造上，将汽车拆解成1000多个零部件并实现逐步自制。通过"垂直整合"，比亚迪实现了资源的最优配置，发挥了资源的最大价值。短期来看，比亚迪使用"垂直整合"策略可以更大限度地利用资源、节省成本，造就产品性价比优势，有利于提高产品的竞争力。长期来看，比亚迪这样做不仅在制造高性价比的卓越产品，还在不断地进行技术资源、生产工艺、管理流程、员工素质、管理方法的整合等，甚至不断地进行整个产业链上的重新整合，系统性地降低成本，不断巩固企业的内核，增强企业的核心竞争力。比亚迪通过从电池到手机整机的垂直整合，再从动力电池到新能源汽车的整车产业链整合，保证了其在成本方面的绝对领先。最终，"垂直整合"策略成为比亚迪攻城略地的核心方法之一。

第四，跃迁。

从点到线，从线到面，拆解组合从单体的拆解组合演变成了更高的产业链的拆解组合。拆解组合不仅是从线到面，还是从面到体的跃迁。拆解组合不仅用在了产品生产上，还用在了产业链的整合上，更能用在企业管理的方方面面，更重要的是将这个方法形成完整的模型与方法论，作为企业创新的底层逻辑与组织基因进行推广，变成企业的创新哲学。这就是从工具方法到思维模型的跃迁。

在企业内部的管理上，王传福也运用这种思维。从技术创新跃迁到管理运用上，将企业管理拆解为创新、战略、组织、人才、执行、文化、资本等七个基本要素，企业内部的管理无非是将七个要素进行排列组合与创新而已。

将产品与技术创新中的拆解组合，迁移到企业管理体系中，实现其在不同系统之间的有效运用。这个拆解组合原理已演变成一套底层的方法论体系，成为比亚迪这棵大树的根基，也成为比亚迪的组织基因的一部分，还成为比亚迪成功的底层逻辑。

创新鼻祖熊彼特在1912年出版的《经济发展理论》一书中指出，所谓的创新，就是建立一种新的生产函数，把一种从来没有的关于生产要素和生产条件的新组合引入生产体系，以实现对生产要素或生产条件的新组合。熊彼特进一步阐明了这种新拆解组合涵盖的五个方面：生产出一种新产品，采用一种新的生产方法，开辟一个新的市场，获得一种新原料或半成品的新的供应来源，实现一种新的企业组织形式。

前言

换而言之，在熊彼特看来，任何经济结构都可以被拆解为产品、技术、市场、资源和组织这五个基本要素。熊彼特将旧要素的拆解与重新组合称为创新。比亚迪的基本思维与组织基因中，就带着这种创新基因，且能将这种组织基因显性化为方法论并在全公司进行传承。

王传福之所以会被查理·芒格称为"韦尔奇+爱迪生"的混合体，主要是因为他的拆解组合原理符合了西方管理与技术创新的方法论，符合了熊彼特的组合创新理论。因此，比亚迪也成了巴菲特与查理·芒格在中国重仓持有的第一家公司。实际上，在比亚迪取得成功的背后，其底层的逻辑不过是物理学里简单得不能再简单的基本思维与由此总结提炼出来的一个思维模型而已。

通过拆解组合原理进行技术实现，是王传福"一切技术都是纸老虎"的底层思维。这种思想与熊彼特的思想完全一致。"旧要素，新组合"简单的六个字是拆解组合思维模型的全部要义。

埃隆·马斯克也是拆解组合原理的拥趸。

马斯克拆解电动汽车电池的案例与比亚迪拆解电池与汽车是一样的思维。他首先将电池从元素层面拆分为碳、镍、铝、钢等不同材料，并发现通过伦敦金属交易所购买这些材料，仅需花费82美元，远低于电池总成本。马斯克意识到电池成本高昂的直接原因并非原材料，而是原材料的组合方式。为了改变这一现状，他与松下公司合作，采用松下公司钴酸锂电池的电池管理程序，重新组合特斯拉电动汽车的电池，最终成功将电池成本降至当时全行业的最低水平。这一创新不仅推动了特斯拉的发展，也带动了整个行业的进步。储能电池的价格从2008年的600美元降至2016年的190美元，甚至在有了特斯拉的超级电池工厂后，价格进一步降至100美元左右，原材料成本更是只有80美元，让世人为之惊叹。

用第一性原理的思维模式，从源头出发，将拆解组合模型的理念发挥到极致，将产生意想不到的创新效应。在公司内部的管理上，王传福也在运用这种思维。王传福曾说："管理实际上也是一种技术，产品技术讲究深度，管理技术讲究广度。形象地说，产品技术相当于解一元三次方程，需要反复去计算、验证、实践；管理技术是解多元一次方程，面很广。"企业管理的几个基本元素就是创新、战略、组织、人才、执行、文化和资本，也称为比亚迪制胜的七种武器。

运用拆解组合原理解决问题，一切技术都是"纸老虎"！针对管理技术也是一样的道理。通过解七元一次管理方程式，我们就可以找到管理答案。这是比亚迪管理的底层思维，也是本书基于此全面展开的脉络缘由所在。

本书基于比亚迪、华为等企业的创新实践提炼了十倍创新的系统模型，深度剖析了比亚迪、华为等企业以创新驱动高质量增长的底层逻辑。

全书共三篇七章。

第一章，十倍创新。本章重点讲述了十倍创新的概念及特征，认识问题本质的五层次模型，以及十倍创新的元能力——多元结构思考力；通过十倍创新体系的构建，从全新的角度解码了华为、比亚迪、富士康等伟大公司的创新底层密码。

第二章，十倍创新战略。本章主要论述了十倍创新战略的概念、思想内涵、战略规划模型、三大经典落地路径——技术同根、客户同源、人才复用。本章的最大亮点是首次提出了这三大战略路径，对企业的战略落地具有重要的指导意义。

第三章，十倍创新组织。本章原创性地发现了组织的二元性问题，揭示了不同的组织形式要采用不同的绩效管理与激励方式，从组织的二元性角度破解了绩效管理上的一个世界性难题。

第四章，十倍创新人才。本章原创性地提出了学创型组织的概念，将创新列为组织最高宗旨，揭示了人才密度与人才结构对企业创新的重要性，介绍了人才管理的CAD模型、十倍创新领导者五力模型等。

第五章，十倍创新执行。执行的公式是：执行力=速度+精度+准度。

| 前言 |

执行不是找天才把信送给加西亚，而是要学顺丰快递，要有准确的执行路径并确保每个人都能执行到位。本章揭示了执行的本质是流程。本章的亮点是将执行力的提升重点回归到流程体系的建设上，并介绍了流程管理的二二五六模型。

第六章，十倍创新文化。本章从企业家精神的角度，阐述了企业文化的来源其实是企业家的使命与追求。企业文化的本质是企业家精神在企业文化上的显性体现。企业的产品是企业文化的载体，也是企业家精神的载体。本章的亮点是从企业家精神的角度来阐述企业文化，并提出了企业文化建设的一二三四五模型。

第七章，十倍创新资本。本章主要介绍原创的企业市值管理非常"6+1"模型。企业市值管理公式为：公司市值=净利润×估值因子。影响企业价值有六个显性要素与一个隐性要素。六个显性要素分别为产业空间与竞争结构、商业模式与战略方向、人才密度与人才体系、组织能力与组织活力、经营指标与运营效率、4R关系与股东结构。一个隐性要素为创新能力，组织的创新思想与创新能力从深层次上决定着企业的最终价值。本章的亮点在于原创性地提出了企业市值管理非常"6+1"模型。这个模型可以从创新角度对企业进行量化评分，也可以从诊断与改善的角度系统地对企业进行量化评估与市值改进。

"却顾所来径，苍苍横翠微"，回顾那篇写于2004年与某客户交谈的日记，至今一晃已过20年。20年前，比亚迪的营收已突破百亿元，而跟我聊天的这位老板的公司营收还不过亿元。为何这两者差距如此之大？

仔细分析，这两家公司创立时间相差无几，都在深圳，而且老板都是热爱阅读、勤奋好学、坚韧实干的企业家。从表面看，天时、地利、人和这些基本条件相差很小，那为什么公司经营结果会相差那么远呢？答案应该在两位创始人的思维模式上。一个组织有没有底层的思维体系至关重要。没有认识论与方法论层面创新的企业很难长成参天大树。正如有句谚语说得好，阿里山的神木之所以能长成参天大树，3000年前种子落下时就已经决定了。凡是伟大的企业，必有其优秀底层思维的根。只有在理论与思想上实现了企业的可持续增长，才有可能在现实中实现长时间的可持续增长。

事实上，拆解组合的思维方式是可以经后天训练而习得，进而影响团队和组织的。那位20年前与我聊天的老板，用实际行动证明了这一点。当他的底层思维被重构并进而影响整个组织后，公司经营也逐年发生了重大变化，其营收早已超过500亿元。所以，我迫切地想将这一发现公之于众，希望帮助更多的企业得到变革成长。

我热爱阅读与旅行，更爱广交天下朋友。"读万卷书，行万里路，识万种人，成一件事"是我的座右铭。我每年的阅读量超过百本，坚持写日记进行反思超过20年，游历过30多个国家和全国200多个地区。本书是我以比亚迪、富士康、华为为研究对象，进行工作观察思考的成果，也是创立华朗咨询，从事管理咨询工作所获得大量项目成果与经验的结晶。本书所讲的思想、模型与方法在新能源、医疗、汽车、通信、芯片、软件、银行、房地产、物流等行业的多家企业中均有成功的应用。尽管我倾尽毕生所学与所用保证本书内容的完整性和逻辑性，也难免会存在疏漏之处，欢迎读者批评指正，不吝赐教。更多内容欢迎关注微信公众号"十倍创新战略"，或我的微信号"TBCX699"，可免费获取相关课程资料。

目录

第一篇 创新方法论

第一章 十倍创新 ... 002
第一节 何谓十倍创新 ... 003
第二节 多元结构思考力 ... 019
第三节 "1+6"十倍创新经管模型 ... 028

第二篇 管理创新模型

第二章 十倍创新战略 ... 036
第一节 十倍创新战略思想 ... 038
第二节 战略规划的BLM模型 ... 044
第三节 战略落地的三大路径 ... 054

第三章 十倍创新组织 ... 063
第一节 激活每个个体 ... 064
第二节 组织决胜未来 ... 068
第三节 二元性组织系统 ... 076

第四章 十倍创新人才 ... 089
第一节 创建学创型组织 ... 090
第二节 人才管理的CAD模型 ... 097
第三节 比亚迪人才管理实践 ... 115

第五章　十倍创新执行 ······ 126

第一节　执行力的本质 ······ 127

第二节　执行力提升方法 ······ 132

第三节　执行力大帅 ······ 140

第六章　十倍创新文化 ······ 149

第一节　卓越组织的原动力 ······ 150

第二节　企业文化建设的模型 ······ 154

第三节　比亚迪的企业文化实践 ······ 165

第三篇　资本创新模型

第七章　十倍创新资本 ······ 176

第一节　企业市值管理非常"6+1"模型 ······ 177

第二节　产融互动，金融为器 ······ 189

第三节　比亚迪的市值管理实践 ······ 199

后记 ······ 209

第一篇
创新方法论

第一章
十倍创新

第一节
何谓十倍创新

1955年上榜的《财富》世界500强企业，到了2018年仍在榜单上的只有8%。在《从优秀到卓越》书中，作者吉姆·柯林斯投入5年时间，对自1965年起《财富》列出的1400多家500强企业进行了分析，得出了令人震惊的研究成果——只有11家企业实现了从优秀业绩到卓越业绩的跨越。

时间是最好的试金石，能穿越多个经济周期的企业少之又少。而大量的研究表明，能够穿越周期的这些企业最基本且不变的特征就是具有持续的创新能力。正如熊彼特所言，创新是经济发展的第一因，唯一因！这也完全符合万物归宗的"熵增原理"，而突破"熵增"的唯一法门只有创新。新质生产力的本质也是创新。

什么是创新？众说纷纭。而我给创新一个极简的定义，即创新就是不同。伟大的创新即十倍的不同。所有伟大企业都有一个极简的特征，就是在产品或服务上至少有一个点是十倍不同的。例如，苹果手机在用户体验上远超当年的竞争对手，达到了十倍数量级，因此能够横扫智能手机市场；华为的万门程控交换机，当中兴等企业还停留在千门交换机时代时，华为就因万门程控交换机不仅从被动挨打变成赶超竞争对手，而且更是一骑绝尘；小米手机凭借十倍性价比，成功俘获了粉丝的芳心，成就了雷军的千亿估值天下。

什么是十倍创新？十倍创新就是用十倍的不同，创造十倍速的增长。

这里面有两个关键词：一是不同，二是增长。十倍增长是目标，十倍不同是达成目标的方法。十倍的不同不是指在全面上的，而是指在局部上的，是选择点上的十倍不同，是压强原理。十倍速的增长是伟大公司的共同特征，增长速度是衡量所有组织核心指标之一。在过去20年里，深圳大部分伟大的公司年均都保持了25%以上的增长。巴菲特之所以伟大，是因为其年化收益率的稳定增长。有人做过统计，从1965年到2014年，在这50年间，巴菲特的年化收益率是21.97%，正是这个数值让巴菲特稳坐全球财富排行榜前三名。

回顾创新的历史，自熊彼特最早提出创新是经济发展的唯一因后，他从经济学角度给创新下了定义，即创新是旧要素的新组合。德鲁克在此基础上进一步提出组织创新，并主要从社会学角度来探讨创新与社会组织创新，指出创新的本质就是为客户创造新的价值。德鲁克完成了从"生产要素新组合"到"创新型组织"创新理念的过渡。德鲁克认为创新不仅是企业家的职能，也是所有组织的职能。创新作为管理者的重要职责，是一项有规律可循的实务工作。任何组织、任何人都应是创新的主体，而企业家是其中重要的主体。企业家精神的本质就是有目的、有组织地进行系统创新。创新不仅令企业成功，还推动社会经济发展，避免出现周期性的经济危机。克里斯坦森则从产品的角度来阐述创新，提出了价值网与第二曲线（破坏性技术）的概念。第二曲线概念对于大企业创新的窘境及小企业的弯道超车提供了很好的理论支撑。

十倍创新综合熊彼特、德鲁克和克里斯坦森三位大师的创新理念，从更加实用的角度，提出了适用于当下时代背景的创新方法。为什么是十倍创新而不是其他倍呢？因为根据数学上的算法，十倍是一个数量级。十倍创新就是一个数量级上的突变，能产生至少十倍的功效。因此，一次成功的十倍创新就能产生十倍的势能，能彻底摆脱对手的纠缠，并将其远远地甩在身后。

十倍创新在商业领域的经典案例是埃隆·马斯克。埃隆·马斯克在造火箭时，因俄罗斯人过高的出价而感到气愤，他开始应用第一性原理进行思考，深入基础的物理学情境，一步步在头脑中构建火箭发射的模型。他因此发展出了一个概念，叫"白痴指数"，用来计算某个制成品的成本比其基本材料的成本高多少。如果一个产品的"白痴指数"很高，那么一定可以通过规划设计出更有效的制造技术来大幅降低它的成本。

火箭的"白痴指数"就非常高。马斯克开始计算其中的碳纤维、金属、燃料和其他材料的成本：采用目前的制造方法，成品的成本至少比材料的成本多出50倍。如果从这个角度来讲创新，十倍创新就是将"白痴指数"降低至少十倍的创新。

十倍创新的三大特征

不管是创新理论大师还是创新商业巨子，真实有效的十倍创新都具有以下三大特征。

1. 可实现性

十倍创新是以创造客户价值为灵魂的一种实践性创新。这就决定了十倍创新方式不是务虚思维，而是务实思维。从另一个角度来说，十倍创新是以解决实际问题为目标的一种指向性思维。

基于现实世界条件的创新可实现性，是指一个研究方向或方法在现实世界的条件下，能否被转化为一个可行的工程项目，能否产生实际的效果和价值。一般来说，原理、思想、哲学类研究虽然其可实现性较低，但它们对实践具有重要的指导作用；科研、探索类研究的可实现性处于中等水平，因为它们往往是具体和创新的，与现实世界的条件和需求有一定的关联性；工程实践、项目类研究的可实现性较高，因为它们往往是实用和有效的，与现实世界的条件和需求能够进行较好的匹配。

既然十倍创新是以解决实际问题为目标的一种指向性创新，那么它就必须具备一定的约束性。例如，在制造业中，无论是哪个行业，都存在着大量的材料、工艺与流程的组合问题。为了实现最经济的组合，我们需要基于所有因素的经济约束来思考问题。如何将材料消耗、机器消耗降到最低？如何使生产时间最短？如何使工艺流程最短？如何使加工最简单，无须消耗大量高素质的人？如何在材料寿命和可加工性之间进行平衡？这些都是我们需要思考的问题。为了解决这些问题，我们可以借助各种技术和方法。例如，我们可以借助精益思想和方法来进行基础的生产运营管理，消除设备的六大浪费。我们还可以借助测量技术控制与计算和基础保障控制技术来实现高精度的加工和高速的同步。此外，我们还可以借助信息技术来挖掘潜在的最小约束下的工艺组合，借助智能技术解决非线性、不确定扰动下的最优解问题。

所以，十倍创新的可实现性和取舍有关，也就是"鱼和熊掌不可兼得"。取舍的时候，正确的决定往往不好做，通常可以采用以下三种方法。一是最优法，也就是在很多方案里面，找到最优的方案。二是标准法，也就是使用的方法和零部件尽量是通用的，这样能让解决方法更好地被管理，也更容易被实现。三是迭代法，也就是先制造一个原型，通过试验和改进，不断迭代，直到得到满意的方案为止。

十倍创新是在有约束的情况下，也能很好地完成目标。甚至有时候，在没有约束的情况下，好的工程师也知道如何运用约束，帮自己实现目标。就像是写格律诗，优秀的诗人都是戴着镣铐跳舞的高手。

2. 结构性

结构是现代科学和社会生活中的一个重要概念。一切的事物都是以结构的方式呈现的，结构性是事物内在规律的表现。万事万物皆有结构。现在人们所指的结构，一般来说是指客观事物构成要素间的稳定联系及其作用方式，包括组织形式、排列顺序、结合方式等，是一事物区别于他事物的内在规定性。

现代系统论的研究表明，凡系统都有结构和功能，系统是结构和功能的统一体。结构是系统内在的、微观的、分析的特征，功能是系统外显的、宏观的、综合的特征，结构从系统要素的关联中把握，功能则从系统与外界的联系中体认。

既然创新是一个系统，那么十倍创新就是人们运用系统观点，对客观对象互相联系的各个方面及其结构和功能进行结构化认识的一种思维方法，即十倍创新具有结构性。结构性具有以下特征。

第一，结构具有整体性，这意味着我们看待事物时，应该将其视为一个完整的整体。世界上的各种事物和过程都不是孤立的，而是由各种要素按照一定的规律组成的有机整体。每个系统都是作为一个统一的整体而存在的，它的性质和规律只存在于各要素的有机联系和相互作用之中。

第二，结构具有层次性，这意味着结构既有纵向的等级关系，又有横向的相互关联。纵向结构就像一棵树的生长过程，从根到叶都有各自的等级关系；而横向结构则像一张网，各个部分既相互联系又相互制约，共同构成了整个系统的复杂性。这种层次性反映了客观世界的多样性和统一性，让我们能够更好地理解和把握事物的本质。

第三，结构具有有序性。有序性是指系统内部要素的相互联系及其结构的层次性和等级性，这种有序性让系统内部要素在相互作用时产生惯性，维持系统的平衡。这种平衡并不是绝对静止的，而是在动态发展中的相对平稳。有序性不仅体现为空间上的序列，还体现为时间上的发展顺序。

第四，结构具有相对稳定性。稳定性则是指系统在外界作用下具有的一种自我稳定能力，它能够在一定条件下和一定范围内自我调节、自我组织和自我更新，从而保持和恢复既有的结构和功能。结构本质上是系统的稳定联系，是系统要素的内部关系，是关于构成、联系、秩序和时空的内在规定性。因此，任何系统状态中都包含着不易受外界影响而改变的部分，这些部分构成系统的结构状态，让系统具有一定的稳定性。

十倍创新的本质是站在系统的高度对事物进行精确的拆解，从整体结构、层次结构、有序结构、稳定结构等多个方面思考问题，从而让事物的轮廓更加清晰，在问题认知上更有深度，在判断事物上给出路径导向，在行动实践上给出指导依据。

3. 多元性

创新是一系列的综合性活动，它需要整合多种不同的资源，如人力、物力、财力，以及科技和管理等方面的知识与技术。另外，创新也可能涉及数学、物理、化学、生物、地理等各学科的知识与技术，以实现项目的目标。这意味着在创新活动中，各方面极其多元的因素都需要被协调、融合，以确保整体的成功。

多元性在万物互联、产业互融的数字经济时代尤其突出，因为用户的文化是多元性的、个性是多元性的、需求是多元性的，而且这些多元性又借助数字互联技术的普及而相互作用，进而产生更加纷繁多样的需求场景。要快速满足乃至创造客户需求，必须以多元的视角和思维进行创新和创造，而且跨学科的多元视角也越来越重要。

人的智能本身是多元性的。随着人工智能的应用与普及，以及大数据与个人日常生活的日益紧密，大众从来没有像今天这样审视自我，包括自己的智能、情绪、需求、动机、价值观、行为特征等，而且"互相审视"的现象也日益增多。

既然人工智能是研究、开发用于模拟、延伸和扩展人的智能的理论、方法、技术及应用系统的一门新的技术科学，那我们必须回到"人的智能"这一人工智能研究的客体上来。智能是人类大脑中文化知识的积累。它是一种生理和心理的潜能，这种潜能在个人经验、文化和动机的影响下，得以在一定程度上实现。

人的智力与人的大脑的生理结构密切相关。加德纳通过数年时间分析人脑和人脑对教育的影响，在大量心理学实验数据和实例的观察分析基础上，认识到大脑中至少存在多个不同的智力中心。因此，人类思维和认识方式是多元性的，即存在多元智能。他认为，每个人至少有八种不同类型的智能：言语语言智能、数理逻辑智能、视觉空间智能、音乐韵律智能、身体运动智能、人际沟通智能、自我认识智能、自然观察智能。

正是因为人的智能是多元性的，所以人的智能产品和成果也是多元性的，人的需求也是多元性的。数字经济时代比任何时代都尊重和关注个人需求的多元性，同时也关注个人创新创造的多元性。

所以，"做蜻蜓，不要做比目鱼"是十倍创新的一个特征。创新者的思维要有像蜻蜓一样的复眼，能从多个角度系统地、全面地看问题，洞察事物的普遍联系与普遍规律，不遗漏影响事物发展的关键因素。这种思维方式使创新者能从广度上全面、全局地看问题，从而建立问题的整体观与系统观。在拆解结构时，创新者要考虑系统里的各个元素，分析它们如何在时间、空间、逻辑、顺序和功能方面进行连接，以及它们在什么条件下起作用，在什么条件下不起作用。

十倍创新的三大定律

十倍创新遵循普世的三大核心定律：因果律、假设律与条件律。

1. 因果律

对因果关系的哲学研究历史悠久，哲学家如亚里士多德在2000多年前就已经提出了因果问题，该问题至今仍是现代哲学的重要课题。因果关系是十倍创新的一个基本要素。因果关系，简而言之，就是从原因推论出结果。这使得我们能够在行动之前，预测每个决定可能带来的后果，从而不断修正和优化自己的行动方案。

因果关系几乎存在于一切事物之中。人类具有抽象思维能力，能够把因果推论转化为心智模型。这些心智模型可以成为反复使用的模板，不断地适应新的环境。这些模型未必完美，但具有灵活性，可以相互替代，不仅减轻了我们的认知负担，而且大大缩短了决策时间。

如何更有效地运用因果模板进行思考？首先，要有因果模板且这些模板必须符合客观规律；其次，在思考问题时，我们要通过因果模板预见未来可能发生的情况，从而提前做出布局与应对。

2. 假设律

英国哲学家卡尔·波普尔有句名言："让假设代替我们去死。"麦肯锡解决问题的方法是先以假设为前提，再以事实为依据，进行结构化论证。假设先于事实，先有假设后有数据来证实或证伪假设。假设是解决问题的前提。

假设律以目标为导向，透过现状做出各种预想，以提前应对可能出现的情况及问题。假设律不是空想和幻想，而是以目标为导向的，取决于我们对因果关系的理解。

德鲁克在《卓有成效的管理者》一书中关于决策原则的阐述中提到，有效的管理者都知道一项决策不是从搜集事实开始的，而是先有自己的见解。这样做是正确的。因为凡在某一领域具有经验者，都应该有他的见解。假如一个人在某一方面经验丰富却缺乏见解，那可能说明此人没有敏锐的洞察力且头脑迟钝。

人总是从自己的假设开始，所以要求从搜集事实开始，是不符合实际的。其结果是，他所搜集的事实，必是以他自己既有的结论为根据；他既然先有了结论，必能搜集到许多符合该结论的事实。干过统计工作的人都能体会到这一点。

因此唯一严谨的方法，唯一可以验证某一假设是否符合实际的方法，应建立在明确承认"假设为先"的基础之上。这也是麦肯锡、德鲁克等高手一致的观点。

假设律能够让我们利用已知的信息，去想象缺失的信息，填补想象世界的空白，并让我们想象不同情况下事态的演变。通过想象另一种现实，我们的因果推理就具备了可操作性。

假设律和因果律二者是相辅相成的：如果没有因果关系，我们将被淹没在一片无意义的事件海洋中，漫无头绪；如果缺少了假设性思维，我们将被现实所困，毫无选择余地。

3. 条件律

某位大龄待嫁女青年让媒人给她介绍对象，与那些列出高难度条件不同的是，她说她没有任何条件。媒人推荐了无数人都不成功，瞎忙了半天后彻底崩溃了，她最终根本完成不了这个看似简单其实是最困难的任务。原来没有任何条件其实是最高条件。因为毫无约束即虚空。

应对条件，关键在于收放自如。条件过多，我们可能会错过要事；条件过少，我们可能无法聚焦要点。

我们首先需要认识到，每一个模型都有软性条件与硬性条件。软性条件是有弹性的或可改变的，只需付出相当的努力即可进行调整。硬性条件是固定的、不可渗透的和不可侵犯的。硬性条件是模型的核心，所以忽视它就等于放弃了模型本身。

所以，当我们为了运用假设律而选择约束条件时，先要确保守住那些硬性条件，而在选择软性条件时，要注意条件的可变性、最小变化与一致性。有了条件，我们就可以确定决策，展开行动，模型的建构也就从认知范畴转向了至关重要的行动。

在约束条件下，我们要学会取舍，以及进行"灰度认知+黑白决策"。因果、假设、约束和取舍是十倍创新思维的三大法宝。

分析至此，我们会发现，十倍创新是一套从思考到行动的全程思维。模型赋予人们认识能力（通过因果律）和行动能力（通过假设律），它也确保人们的认识和行动有意义（通过条件律）。

十倍创新的系统框架

了解完十倍创新的三大特征与三大定律后，接下来将介绍十倍创新系统框架模型（见图1-1），方便大家直观地理解十倍创新。

十倍创新深受熊彼特、德鲁克、克里斯坦森等思想的影响，强调要深入创新的本质去思考问题，而且更偏重实用。十倍创新应该是跨越了第一性原理、第二曲线原理，以模型思考法为特征的多元结构思考力为方法论的创新体系。

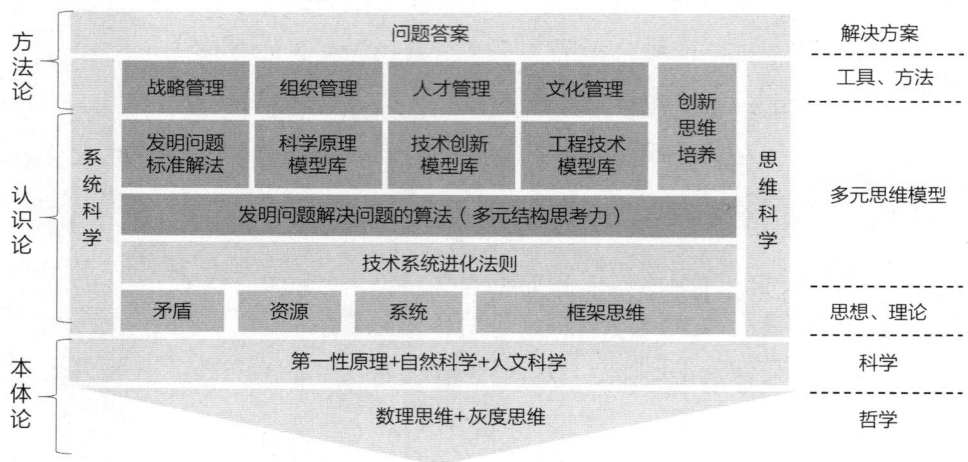

图1-1　十倍创新系统框架模型

人类认识世界的基本框架包括三个层次，最上层的是方法论，中间层是认识论，最下层是本体论。

本体论决定认识论，认识论决定方法论，方法论决定结果。

本体论要回答一个根本性的问题，也是人类开始探索宇宙真相之前必须做出的一个基本假设：宇宙的本源是怎样的？精神世界和物质世界是否可分？基于特定的本体论，衍生出了与其相应的认识论。

认识论要回答的问题是：人类是否能够认识世界？应该如何去认识世界？继而，在认识论基础上产生了与之相应的方法论，即我们怎样用一个方法体系来研究和认识世界。

最后，在方法论的指导下派生出具体的研究方法，人类开始运用这些研究方法，踏上认识宇宙真相的漫漫长途。本体论、认识论、方法论是我们认识世界的基本哲学框架。

在十倍创新的系统框架中，本体论是哲学与科学；认识论是思想、理论与多元思维模型；方法论是解决方案与工具、方法。哲学包括西方的数理思维、东方的灰度思维；科学包含第一性原理、自然科学与人文科学。数理思维是西方理性主义的基石，是科学的底色。灰度思维是中国系统思维的基石，是系统解决问题的底色。二者一阴一阳，构成了整个十倍创新的思维基石。

框架图犹如书柜，分层分格地、有逻辑地把思想的宝库展示出来。由于篇幅的限制，本书无法在本章详细展开整个框架图，以下仅将其中最重要的第一性原理、框架思维、拆解组合和迭代作一个阐述。

1. 第一性原理

西方文明起源于两希文明，一是以理性与逻辑为起点的古希腊文明，另一是以宗教与感性为起点的古希伯来文明。最早提出第一性原理的是古希腊三哲之一的亚里士多德，他是理性主义的源头。早在2300年前，亚里士多德认为，在任何系统的探索中，都存在第一原理，它是一个最基本的命题或假设，不能被省略或删除，也不能被违背。这里的"第一原理"，就是我们所说的第一性原理。

对于十倍创新原理而言，第一性原理就像深埋地下的地基，人们通常只能看见地基之上的楼层，而忽略地基的存在。但地基又是如此重要，因为只有地基越深，大楼才能建得越高、越稳固。这就是第一性原理传达的含义。

第一性原理的特性有多种不同的表达方式。它是系统之外的，既是自确定的，也是元起点，对应我们在中学学到的概念"公理"；它是基石假设，是整个推理过程中的第一因，又被称为逻辑奇点等。如果深究，这些不同的描述确实存在一定的区别。但对于我们在生活、工作中的实际应用来说，这些区别基本上可以忽略不计。针对不同的表达角度，第一性原理在实际应用中的含义也不尽相同。但在实际应用的过程中，对我们而言，只要是决定系统的元前提，我们都可以称之为第一性原理。

关于第一性原理的基石特性，在科学和哲学领域中都有着广泛的认知基础。科学家认为，爱因斯坦的广义相对论是用于描述宇宙演化的正确理论。在经典广义相对论的框架里，霍金和彭罗斯证明了，在很一般的条件下，时空一定存在奇点，最著名的奇点就是黑洞里的奇点和宇宙大爆炸处的奇点。在奇点处，所有定律以及可预见性都将失效。奇点可以被看作时空的边缘或边界。只有给定了奇点处的边界条件，才能由爱因斯坦方程得到宇宙的演化。由于边界条件只能由宇宙外的造物主给定，所以宇宙的命运就操纵在造物主的手中。这就是从牛顿时代起一直困扰人类智慧的第一推动力的问题；而在哲学领域，也有着"追究终极"的概念，当我们不断地向系统的源头追溯时，总能找到答案。无论是第一动力因，还是追究终极，从本质上来说，它们都属于基石假设，或者说第一性原理。

第一性原理在商业领域的运用是由埃隆·马斯克提出来的。在拆解组合前要用第一性原理找到拆解对象的基本模型。在战略选择时，第一性原理的思维方式通常更加简洁有力，不在细枝末节上用功，而是找到那个"一"，注入所有的力量。比如，亚马逊的"一"是"客户"，乔布斯的"一"是"产品"。用"一"统领其他要素，驱动企业增长飞轮，撬动战略杠杆。

在解决问题的过程中，最重要的是需要我们打破一切知识的藩篱，回归到事物本源去思考基础性的问题，在不参照经验或其他事物的情况下，从物质世界的最本源出发思考事物。其实世界是极其复杂的，每天都有人通过重组各种信息来改变世界。许多改变世界的人，都有这种穿过现象看见事物本质的能力。我们经常会被事物的表象与过去的经验所迷惑，而第一性原理可以帮助我们逃离这种"夹层解释"（夹层解释是用一个黑盒子去解释另外一个黑盒子，用似是而非的一个概念去解释另外一个稀里糊涂的概念）。

十倍创新运用的第一步是运用第一性原理构建原始模型。

以埃隆·马斯克拆解运载火箭为例。他收集了有关火箭的各种相关信息并进行了验证，靠自学理解了火箭动力学等基础原理，并多次到现场参观火箭发射。最终，他发现成品火箭的制造成本至少比自买材料组装火箭的成本多出50倍，而且发射完一次卫星后的火箭没有被回收利用。于是，他基于第一性原理，重新构建了Space X公司的成本模型：自己制造能够重复回收利用的火箭来发射卫星，并且制造能够一次发射多颗卫星的火箭。这使Space X公司发射火箭的成本降至原来的百分之一以下，从而使商业运营卫星发射成了可能，也使埃隆·马斯克获得了巨大的商业成功。

其实，当埃隆·马斯克第一次提出自己制造重复回收利用的运载火箭这个假设时，大多数人都无法理解。因为在埃隆·马斯克之前，全球范围内的各国政府及私营企业在发射火箭时都默认，火箭在完成自己的运送使命之后，只有报废这一种结果。从这个角度来讲，埃隆·马斯克提出这个假设充分地说明了他能够站在系统之外看问题，所以他才能顺理成章地提出打破群体认知的假设——如果火箭可重复利用，那么制造、人工等各方面成本自然也能够得到有效的控制。

重复利用运载火箭本身是一项复杂的系统工程，按照既定模板根本解决不了问题。埃隆·马斯克从第一性原理出发，回到事物的原点，把信息反复拆解组合，跳出蒙蔽双眼的夹层解释，发现事物的本质，重新构建了火箭的成本模型，最终找到一套完整的解决方案。

Space X公司现在已经具备了发射火箭与回收火箭的能力，这是领先于世界上很多国家的能力。更关键的是，埃隆·马斯克从第一性原理出发，打破了航天领域过去的群体认知，实现了十倍创新。未来，埃隆·马斯克还将开启火星移民计划。这听起来就很疯狂，或者有一天真的能实现。

从埃隆·马斯克的案例中，大家能够体会到基于第一性原理创新的伟大意义。它不是把不同领域里的经验归纳出来，而是从一个抽象的第一性原理出发，通过逻辑思维的拆解，推导出这个系统的基本原理，然后通过打破原有的群体认知，找到一个新的路径，去建立新的更好的系统。换句话说，埃隆·马斯克的创新并不是我们经常使用的经验归纳的模式，而是基于第一性原理的十倍创新。

2. 框架思维

框架思维的核心，其实就是基于第一性原理的模块化系统思维，通过解构还原，把一个较大的系统打散成一个个模块，然后再进行重构，把这些模块按照功能性重新组合。这种思维的重点在于，要穿透现象，找出要解决的问题背后的基本逻辑与规律，然后基于这些基本逻辑与规律，对问题进行重新的拆解与重新的组合，通过对问题的基于基础规律的拆解组合中找到解决问题的办法。

框架思维是一种更高级的结构化思维方式。人工智能之父马文·明斯基1975年在一篇论文中提出了框架理论。人们比较习惯的常规思考模式，就像以前农村砖混结构的二三层小楼，但当需要建造更高的房子时，这种结构就不牢靠了。使用框架结构，则能够盖起摩天大厦。而使用框架思考，则能达到如摩天大厦般的深度思考。

马文·明斯基从人工智能的角度定义了框架的数据结构。框架的上层是固定的，表示固定的概念、对象或事件。下层由若干终端和槽组成，这些槽中可填入具体值，以描述具体事物的特征。每个槽可有若干侧面，用于对槽进行附加说明，如槽的取值范围、求值方法等。这样，框架就可以包含各种各样的信息，如描述事物的信息、使用框架的信息、对下一步发生什么的期望、当期望未发生时该怎么办等。再利用多个有一定关联的框架组成框架系统，就可以完整而确切地把整个工程表示出来。

框架思维是系统思维的利器，可以用于更快速、更全面、更深入地进行系统的思考和表达。万事万物构成了各式各样的系统，而框架正是对系统的构成元素及其元素间有机联系的简化体现。一旦构建出一个反映某事物系统的框架，并运用这个框架来思考，就可以更全面和深入地理解这个系统。用框架来思考，会下意识地把思考对象纳入框架的体系之中；用框架来传递要表达的内容，会让对方更容易清晰地了解表达者的逻辑和意图。

框架思维的特征

1. 模块化的知识

在系统的结构中，模块是可组合、可分解和可更换的单元。模块化是一种将复杂系统分解为更易管理的模块的方式。它通过为不同组件设定不同的功能，把一个大型、复杂的问题分解成多个小的、独立的且互相作用的组件，从而实现对复杂问题的处理。

每个框架思维模型都可以视为一种针对特定类型问题的模块化知识。但是，现实中的很多问题不是仅仅通过一种思维模型就可以应对的，而需要多种框架思维模型的组合应用。

2. 公式化解决问题的思维

公式是一种解决特定问题的由符号体系构成的具备输入输出关系的符号集合。它包括数学公式、物理公式、化学公式，以及各种经验公式。同样，对于思维来说，也存在公式。一些复杂的具象问题，一旦通过公式来表达，就会变得简单明了，而且更加深刻，更容易量化。公式往往是模型的输出，模型往往构成了整体的框架。一个整体的框架中往往融入了多个模型，并实现了各模型间的交叉融合。

拆解组合和迭代

十倍创新最重要的一个模型就是拆解组合模型。拆解就是把一个较大的系统打散成一个个模块，组合就是把这些模块重新组合起来，以实现其功能。十倍创新的过程，既有拆解，也有组合，把有效且高效地解决问题排在首位。

十倍创新需要务实思维，因为：

（1）这个世界上很少有"大杀器"。

（2）不要因为一个无解的问题而耽搁另外一个有解的问题。

（3）先做能做的，别为缺失的板块烦恼。

（4）用模型化、工具化方法，别去重复发明轮子。

简单来说，应该快速构建一个基础可行的产品原型，而不是一开始就追求一个极致完美的产品。因为人类总会犯错，即使是追求"极致完美"，也要在试错的过程中一步步实现，否则失败的概率将会很大。

用最快、最简明的方式建立一个可用的产品原型，利用这个原型来测试产品是否符合市场预期，并通过不断的快速迭代来改进产品，最终满足市场需求。

总的来说，十倍创新就是抓住事物的本质，结合框架化的思考，基于全盘的掌控做出可行性决策，利用所有可用的工具，拆分问题，逐一解决，最终高效地达成目标。不必太追求完美，先快速造出能运作的产品，然后迭代优化。

马斯克造火箭是这样，王传福造电池、造手机、造汽车是这样，程序员开发系统是这样，我写文章也是这样。

十倍创新的具体步骤是，首先根据第一性原理找到解决问题的本质，构建出科学的原始模型；其次基于框架思维，设计出创新的整体规划；最后运用拆解组合模型与快速迭代方法，寻找到解决问题的路径。这是一个从抽象到具体的创新过程。

第二节 多元结构思考力

2023年9月25日，华为Mate 60的聚力新生再次惊艳了全球。华为再次绝处逢生，凤凰涅槃。

回顾走过的四年，华为公司及任正非遭遇了前所未有的挑战。2018年12月1日华为公司CFO，孟晚舟（任正非女儿）被扣加拿大；2019年5月、2020年5月、2020年8月美国举世界洪荒之力，向华为连续发起了三轮越来越残酷的制裁。四年过去了，华为雪藏多年的备胎——转正，华为并没有因此倒下。任正非在讲话中提到，十年前华为就为今天做过极限测试，他知道在通信行业的巅峰迟早会与美国等西方诸强相遇，华为为此做过多种预案。但因为国家基础研究起步晚，底层技术仍受到一定限制，这会影响公司发展但不至于要命。相比中兴被一剑封喉，华为是顶天立地的硬汉！

绝大部分人还是习惯于浅层思考，而且习惯性地靠经验来决策。这种经验主义的思考方式使人们难以洞察到问题的本质，自然没有预见性，更无法做长远的布局。而另一个极端，即那些深入研究理论的人，如哲学、管理学、物理学等领域的学者，虽然他们拥有深厚的理论修养和深刻的思考能力，但有时解决不了实践问题，如王明、博古等人。

为什么既有理论深度，又能将理论运用于解决实践问题的人少之又少呢？为什么大部分人都缺乏深度思考的能力呢？

华为之所以能在竞争激烈的通信领域突围而出，而且能经受住美国的极限考验，这说明华为有其独特的思想内核与底层逻辑。然而，像华为这样的公司在中国仍然屈指可数。

任正非与王传福的思维都有类似的结构。王传福带领比亚迪一次又一次地摆脱产业周期的束缚，实现战略跃迁，这正是基于他独特的思维方式。那么，这种思维结构与底层逻辑是怎样的呢？它可以被普遍复制与训练吗？

带着这些疑问，我阅读了大量的行为经济学与理性心理学的书，反思了华为、比亚迪、富士康等企业的大量案例，才慢慢有了一些答案。在理性心理学开创者、美国心理学会终身成就奖获得者斯坦诺维奇的《超越智商》一书中，他通过大量的案例及实验实证了在思维过程中理商不同于智商，智商高不等于理商高。为什么聪明的孩子没有过上幸福的生活？为什么聪明人也做傻事？为什么众多高才生却做不出正确的决策？为什么中国总会出现高分低能的现象？斯坦诺维奇在这本书中给出的答案是：理商不高。

如果把人比喻成汽车，智商就好比汽车的行驶速度，而理商则决定了行驶的方向。速度与方向，哪个更为关键？在错误的方向上急速飞驰，最终只会距离目的地越来越远。然而，深入人心的智力测验全然没有对理商进行评估，高智商并不等于高理商，所以聪明人做傻事的现象就不足为奇了。而且在人们的大脑中，存在着两种截然不同的思考方式。一种是快思考（过程1），另一种是慢思考（过程2）。大多数人经常启用的是快思考。如果要启用即慢思考，则需要调动大量的脑细胞，而且需要经过训练。人们越是训练有素，越容易启用慢思考，而且启用慢思考进行深度思考的程度与人们训练的方法及深度相关。而人们的大脑往往喜欢走捷径，这种认知上的吝啬常常使人们陷入不理性的泥潭，严重影响人们实现目标与理想。

怎样才能提升人们的理商，进而提升人们深度思考的能力呢？《超越智商》一书中提出了两条途径：第一条是避免先天的信息加工缺陷，也就是克服认知吝啬鬼障碍；第二条是给自己大脑安装好的心智程序，同时抵制坏的心智程序。好的心智程序主要包括五个方面的知识：①概率推理知识，如基线概率；②决策科学知识，如决策偏好；③科学推理知识，如自变量、因变量与控制变量，以及相关与因果等；④基本逻辑知识，如证伪、证据的不同层级、个人经验作为证据的不足等；⑤经济学知识，如机会成本、沉没成本和指数增长。

虽然斯坦诺维奇的研究揭示了为什么很多人是经验主义者和本本主义者，但他所提供的方法在解决这两个问题时仍然显得不够系统与方便，因为他的方法主要还是偏重理论研究。

再来看一个实战家的方法。查理·芒格是巴菲特的导师兼合作伙伴，是历史上最伟大的投资家之一。他在《穷查理宝典》中提出了一个重要的概念——"多元思维模型"，并将其定义为"重要学科的重要理论"。他提出了查理·芒格四步学习法。第一步：跨学科学习；第二步：只学习重要学科的重要思维模型；第三步：把思维模型进行跨学科组合，打造多元思维模型；第四步：刻意练习，组合进化，学以致用，不断验证迭代。他通过研究历史学、心理学、生理学、数学、工程学、生物学、物理学、化学、统计学、经济学等多学科的100个顶级思维模型，自创了投资领域的"多元思维模型"。我通过多年实践发现，其实多元思维模型不一定是重要学科的重要理论模型，而更多情况下是多种理论的交叉运用的实用型模型。十倍创新思维的根本方法就是多元思维模型思考法。

以下重点介绍我运用多元思维模型的经验与实践。

多元结构思考力的由来

咨询师需要快速地认识事物的本质，其制胜的法宝是训练有素的思维穿透力。思维穿透力来源于对方法论的充分掌握。麦肯锡是咨询界方法论的鼻祖。早期，我和团队大量采用麦肯锡的"金字塔原理"等结构思考方法帮助企业训练员工。在使用多年后我们发现过分依赖结构化思考方法则会带来思维的固化与呆板。结构思考方法是收敛型思维模型，能快速构建解决问题的思路，但因为缺乏发散性思考，创新性不足，容易陷入固定模式。受到查理·芒格的启发，我们随后创立了多元结构思考力方法体系来训练思考力，以达到更全面的深度思考。经过多年运用与反思，我们形成了自己内化的相对完整的结构与体系。

决定思维质量的两个核心维度是多元性和结构性。一旦思维在这两个方面有所突破，那么思维的深度与适用性就会显著提升。为此，我总结出一套基于多元结构思考力的训练体系，开发了深度思考的基本步骤，原创了200个多元思维模型，这些模型涵盖2000多个常用的工具、方法，旨在能有效地提升深度思考的能力。

多元结构思考力在整个认知体系中处于什么样的位置，为什么如此重要呢？我基于人类的认知系统提炼出一个思维模型——多元结构思考力冰山模型，如图1-2所示。这个模型揭示了人们认识事物的多层次。一个人是否能够达到对事物本质的理解，取决于其认知阶梯攀升到了第几级。

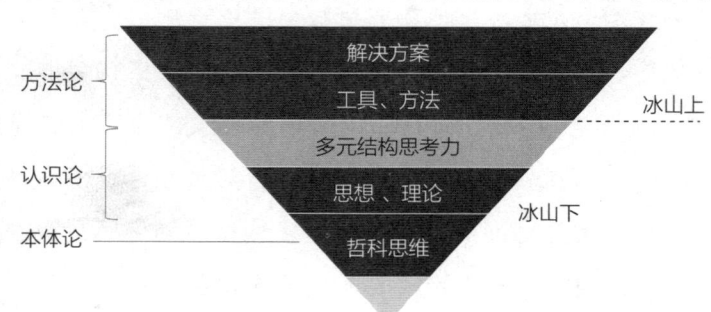

图1-2 多元结构思考力冰山模型

多元结构思考力冰山模型一共五层（见图1-2），其中冰山以上部分占据两层，分别为解决方案与工具、方法。冰山以下部分有三层，分别为多元结构思考力思想、理论与哲科思维。我们绝大部分人在认识问题时，首先想到的是别人是怎么做的或自己以前是怎么做的，其结果是要找到一个解决方案，这就是最表面的一层：解决方案。比解决方案更深一层的是工具、方法，它们构成了解决方案的生成基础。

解决方案与工具、方法属于方法论层面。而真正决定事物本质规律的，是冰山以下看不见的部分。从现象到本质，是一个从具象到抽象的过程，二者之间有巨大的鸿沟，是最难的一个过程。而连接二者之间的桥梁，就是中间的多元结构思考力。

多元结构思考力是连接深度思考与浅层思考的桥梁。真正掌握了多元结构思考力，形成了多元结构思考力的人，就能够实现从表象到深度思考的深入，同时能将深度思考转化为解决实践问题的策略。所以，多元结构思考力的本质是深入浅出：深入就是深入到底层逻辑，接近事物的本质；浅出就是可以用浅显的语言表达出来，形成可执行的解决方案。

前面我们提到，任何一个伟大的组织都要在底层逻辑上构建其伟大，才可能在现实中实现其伟大。以华为为例，我们用多元结构思考力冰山模型来分析华为（见图1-3）。

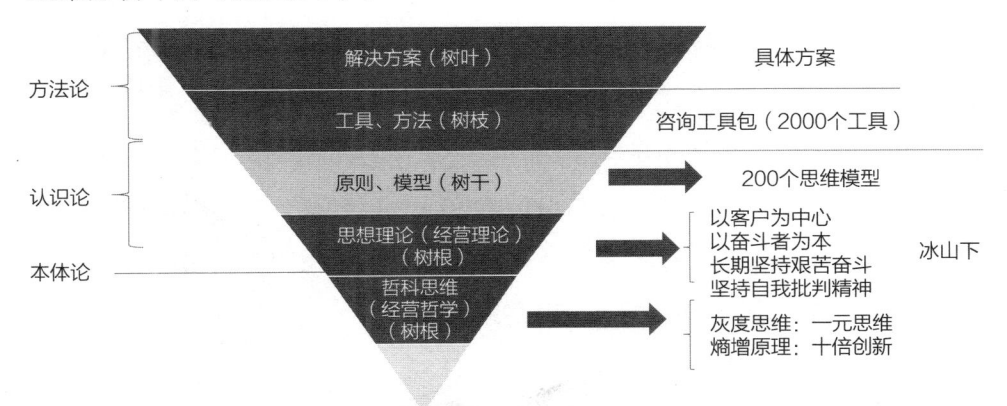

图1-3 多元结构思考力华为运用模型

华为管理体系的解决方案主要有两个外在来源：一是高校教授做的管理咨询项目，二是国外咨询公司做的管理咨询项目。

例如，华为企业文化的解决方案《华为基本法》是由中国人民大学的教授所做的管理咨询项目而形成的，而包政等教授撰写《华为基本法》的思想主要来自管理学大师彼得·德鲁克《卓有成效的管理者》。也就是说，《华为基本法》这个解决方案的思想是来自更为基础的管理学大师德鲁克的理论。

华为诸多的管理解决方案是来自国外知名咨询公司。其中，历时最久、影响最深的当数IBM的咨询项目。当时，任正非认为华为要穿IBM这双"美国鞋"，于是花10亿元聘请IBM来做咨询。IBM为华为带来了大量的工具、方法，双方基于这些工具与方法共创出符合实践的解决方案。最后，华为还额外买下了这些工具、方法的使用权。外资咨询公司的核心竞争力其实就是其提供的工具、方法。这些工具、方法如同华为这棵大树的树枝。解决方法是否有效，取决于使用的工具、方法是否得当。当然，这一切都是冰山以上的部分，解决的是企业当下的问题。

华为聘请了多家咨询公司做咨询，沉淀了上千个管理工具，而如何选择与运用这些工具，则需要借助思维模型来提高效率。华为广为人知的经典模型包括BLM战略与执行模型、BEM绩效管理模型、IPD产品开发模型、LTC营销模型、ITR问题解决模型等。多元结构思考力冰山模型的冰山以下部分是思想与理论。那么，华为长治久安的思想大厦的支柱是什么呢？经过多年的积累沉淀，华为提出华为文化的四支柱：以客户为中心、以奋斗者为本、长期坚持艰苦奋斗、坚持自我批判精神。有了这四支柱模型后，《华为基本法》基本完成了其历史使命。因为四支柱模型完整地表达了《华为基本法》，而且更加深入浅出。

多元结构思考力冰山模型的冰山以下最底层是哲科思维。任正非被《商业周刊》称为商业思想家，因为他始终在探求华为这棵大树的底层逻辑。我个人认为，华为的底层逻辑为一中一西：一中为灰度思维，一西为熵增原理。灰度思维植根于中国传统文化，来源于《易经》的"一阴一阳之谓道"，是中国式思维的底层密码，具有极强的包容性与同化性。熵增原理来自西方物理学，是热力学定律中耗散结构的经典阐述。这两个思维构成了华为管理大厦的基石，是华为能够穿透现象、扎根本质的理念源泉。

任何伟大的公司都有其运行的底层逻辑。华为的底层逻辑是灰度思维与熵增原理，比亚迪的底层逻辑是拆解组合原理，富士康的底层逻辑是精益生产原理。如果公司出问题了，其根本原因一定是底层逻辑出问题了。整个公司就像是一棵大树，最深的树根就是其底层思维与思想理论，枝干就是其构建的多元思维模型，树叶与果实就是其解决问题的各种方案。整个公司的未来，也是由其底层思维逐步演绎推理形成蓝图，而后逐步实现的结果。

查理·芒格运用多种模型同时思考问题的目的，是追求他所说的lollapalooza效应（我称之为综合协同反应），这是一种强大的多元思考力，通过多种模型的联合直接洞察事物的本质。例如，华为就是基于灰度思维与熵增原理实现了这一效应。当然，更为常见的情形是，这100种模型所带来的各种力量在某种程度上是相互冲突的。这时，你将面临鱼和熊掌不可兼得的境况。如果你对这些模型的理解只停留在表面，没有深入了解其适用条件与情况，误以为可以兼得，那么你可能会陷入如同百脚蜈蚣不知如何起步的困惑中。这时你需要一种更高级的思维活动，即在矛盾的判断中仍然能够决策自如。这种情况对思维不清的人而言就变成了一种风险。你需要辨认出这些模型之间的关系，并会意识到"生活无非就是一个接一个的联系"这句话的深刻含义。所以，你需要掌握各种模型，并且弄清楚它们之间的相互关系以及可能产生的效应。

我们总结的基于多元结构思考力的训练体系和工具、方法，结合了西方相对完整的理论体系与中国本土国情的具体实践，特别是在以辩证法为代表的哲学思维以及华为、比亚迪等企业为标杆的管理实践基础上，通过大量咨询案例与员工成长过程的反复淬炼而得出的。这套训练体系和工具、方法主要包括一个核心能力，即多元结构思考力，两个理性思想——工具理性和内容理性，以及由它们延伸出的200个模型和2000个工具、方法。工具理性体现为多元结构思考法，内容理性体现为多元思维模型。如果将多元结构思考法和多元思维模型结合使用，则一个确保程序正确，另一个确保内容正确，从而更普遍、更适用地解决人类理性深度思考的基本特征与使用问题。

那么，什么是多元结构思考力呢？它是一种直接接触问题本质，并具备跨学科融会贯通能力的结构化模型思考方式；它穿透感性，抵达深度思考的理性层面。

多元结构思考力的四大特征

特征一是深度，能直达问题本质，符合第一性原理，经得起逻辑拷问。在探究深度时，可用5W法多问几个"为什么"，或者用黄金圈法则，弄明白WHY、HOW与WHAT。

特征二是理性，能有效解决实践问题。保持理性有三个工具。一是拓宽选择的边界，没有三个以上方案就不做决策。二是逆向思维，正如查理·芒格所说，要反过来想，总是从问题的反面进行思考。德鲁克也说，没有反对意见就不做决策。三是可证伪思维，任何科学理论都必须是可证伪的，否则就是伪科学。

特征三是多元，多元是事物具有普遍联系的本质体现。普遍联系意味着发散性思考，需要将与之普遍联系的相关事物全部罗列出来，比如跨学科的多元交叉，通过不同学科的交叉验证，得出同样的结论。

特征四是结构，结构化模型式思考。做决策时有一个基本的模型叫高中低三线决策法，即做一项决策要定出最高目标、中间目标与底线目标。

尽量争取最高目标，中线目标是正常必须达成的考核目标；只有出现重大异常，才能接受底线目标。此外，面对不同问题类型时要用不同的思维模型进行分析。

总而言之，多元结构思考力是穿透感性，抵达深度思考的理性思考方式，是通过横跨多学科知识整合的结构化模型的思考方式，是历史学、心理学、生理学、数学、工程学、生物学、物理学、化学、统计学、经济学等多学科思维模型的融会贯通。

在使用多元结构思考法时，首先要进行发散性思维，用跨学科的多元视角进行水平思考，然后再用理论模型进行结构化的垂直思考。通过水平思考与垂直思考，最终形成系统化的立体思考模型。所以，多元结构思考力是一种结构横向、纵向和立体思维的三维思考方法。这是工具理性的核心内容。

要进行多元结构思考力的思考与运用，核心是建立有效的多元思维模型。多元思维模型是内容理性的体现，也是整个多元结构思考力的核心所在。我们基于多年的研究经验，构建了200个思维模型，这些模型涵盖了个人管理、组织管理、投资管理三大系统，协助我们进行深入的理性思考。

在如今知识大爆炸的乌卡时代，趋势变化太快。正如德鲁克在《卓有成效的管理者》中所言，重要的不是知道趋势，而是知道趋势在什么时候变化。过去熟悉的思考模式已经跟不上趋势的变化，因此我们需要更新我们大脑的"操作系统"，建立一种能迅速洞察问题本质，又能高效解决现实问题的思考方法。

多元结构思考力，是十倍创新的元能力。时代在呼唤我们建立这种元能力，真正的高手与普通人之间的最大差别就是元能力的差别。我们应该向任正非等高手学习其思维模式：超越经验思考法与本本思考法，深入到东西方优秀的哲学与科学的基础理论和规律中去思考更本质的问题，运用深度、理性、多元、结构去思考与解决问题。

多元结构思考力是因，十倍创新是果。多元结构思考力是十倍创新运用的元能力。

第三节
"1+6"十倍创新经管模型

回顾比亚迪的发展历程，我们不难发现它往往以后来者的身份进入某个领域。锂离子电池产业日企已获先手，手机代工及电子产业富士康是一座挡在面前的大山，汽车产业有特斯拉和传统车企双层藩篱，但是在技术、产品品质、市场规模等方面它都能成功实现弯道超车。比亚迪不仅在技术与产品上实现突破，更重要的是，比亚迪将从技术与产品上积累的拆解组合原理跃迁到内部的企业管理上，打造了具有比亚迪特色的管理方程式。

我曾依王传福的一次内部讲话，将其管理方法整理成一篇文章，文章的题目叫《比亚迪的管理方程式》。其中写道："比亚迪一直以来崇尚简单、透明、有效的管理模式，其管理的精华在于王总能把非常纷繁复杂的管理难题转化成一目见底的多元一次方程，并且能牢牢把握这几个基本元素。企业管理的几个基本元素是创新、战略、人才、组织、文化、执行和资本，也称比亚迪制胜的七种武器。企业内部的管理无非是将七个元素进行排列组合与创新而已。"比亚迪管理方程式模型如图1-4所示。

比亚迪的管理方程式可表达为：

企业价值=（战略+组织+人才+执行+文化+资本）×创新

$$Y=(AX+BY+CZ+DU+EV+FW) \times G$$

图1-4　比亚迪管理方程式模型

十倍创新：对抗熵增的法宝

2024年伊始，最热门的词莫过于新质生产力了。什么是新质生产力？简言之，是指通过技术创新、生产要素配置和产业转型升级等手段，实现对生产方式、生产效率以及产品质量的全面提升的能力。与传统生产力相比，新质生产力更加注重技术含量、创新性和高效能，体现了经济发展向更加智能化、绿色化和高端化方向的转变。新质生产力的本质是创新推动的生产力。

创新，是比亚迪制胜的核心法宝。在强手如林、新进入者壁垒森严的产业中，如果不能有效创新、不能快速创新，要实现超越是根本不可能的。比亚迪一路走来，一直秉承"技术为王，创新为本"的发展理念。技术创新是比亚迪的核心。

比亚迪在2020年发布了性能比肩三元锂电池的磷酸铁锂"刀片电池"，这款电池在保证续航能力的同时，解决了电动车安全性的痛点。2021年，比亚迪推出了超级混动技术DM-i系统以及主打安全智能的e平台3.0技术。比亚迪走的是科技自主研发创新的道路，深耕新能源领域多年，实现了众多行业技术的领先地位。

比亚迪的专利数远超特斯拉，这只是技术创新的一个结果，更重要的是，比亚迪借此建立了一套能够持续创新的方法论与相应的组织体系。这套体系通过方法的力量与组织的力量，实现持续的创新能力。这才是比亚迪组织创新的第一性要务。

比亚迪创新的底层思维是拆解组合原理。拆解组合原理是比亚迪"一切技术都是纸老虎"的底层逻辑。本书基于华为、比亚迪的创新实践，提出了一种新型的中国式创新方法论：十倍创新。

十倍创新战略：存活与发展的关键

企业家，必须选择对的方向。技术首先为战略服务，其次才为产品服务。王传福曾说，技术可以让我们领先3年、5年，战略能让我们领先10年、20年。可见战略的重要性。

比亚迪进行战略扩张的三大路径是风险最小、成功概率最高的：客户同源，技术同根，人才复用。

客户同源是最容易走的扩张路径。因为根据客户需求进行反向生产，这大大降低了投资风险。这是一种"一站式销售""一鱼多吃"的营销策略。比亚迪在手机部件业务上，从手机设计到零部件生产再到组装，都能够为客户提供全套服务。王传福曾形容这是"一种自上而下的垂直整合能力"。比亚迪以客户同源为战略扩张路径，从锂电池到手机零部件的扩张策略为比亚迪未来的成功之路奠定了坚实基础。

技术同根的扩张确保了产品实现的可能性与稳定性，又保证了开发的速度，是技术扩张的稳定路线。比亚迪第一次从锂电池到手机业务的扩张是客户同源的扩张，而后两次做汽车与储能业务的扩张，是基于锂电池这一核心技术平台的技术同根的扩张。

人才复用是指人才在企业内部可以实现跨业务、跨专业重复使用并发挥最大价值，这些人才通过企业的人才管理体系的培养，成为企业所需的"通才"。

垂直整合模式是比亚迪最具特色的商业模式。比亚迪成功整合了汽车、IT、新能源三大产业链，实现了战略上的成功，创造了诸多资本市场的神话。产业链垂直整合过程是企业开发内部经济价值、优化内部财务和经济资源配置的过程，旨在提升整体业绩。为实现企业的信息资源和经营效率的共同发展，比亚迪联合上下游产业链，对每个节点企业（事业部或业务单元）实施控制，以实现技术交流的顺畅。在此过程中，核心企业（事业部或业务单元）在产业链上发挥了更大的作用，带动了上下游各节点优化生产要素配置，降低成本风险，提升企业内部运营效率。在价值创造方面，比亚迪通过延伸产业链的上游、中游、下游来获取产品的额外价值。各节点企业（事业部或业务单元）可以利用其他节点生产的剩余资源进行生产，从而创造更多额外价值。同时，环环相扣的产业链不断加强内部成员的沟通和利益联系，使每个成员都对产业链形成黏性，循环往复，不断发展。

十倍创新组织：把创新能力建在组织上

组织管理的目标是激活每一个个体。正如德鲁克所言，充分发挥人的长处是组织唯一的目的，组织要让平凡的人做出不平凡的事，管理者的任务是让每个人的优点得到充分发挥，从而提高组织的绩效。只有"让平凡的人都能做出不平凡的事"的组织，才是优秀的组织。要激活组织中每个个体的活力，就要解决组织治理问题（组织治理是否有利于员工发挥协同作用并对目标的达成形成合力）、目标分解问题（千斤重担人人挑，人人头上有指标）、组织激励问题（组织是否有活力）。

十倍创新组织最大的原创性洞察，就是发现了组织的二元性特征。

在一个公司内，可以同时存在创新型组织与运营型组织两种组织形态。运营型组织负责承担连续性创新业务，而创新型组织承接非连续性创新业务。运营型组织更适合采用事业部制组织架构，而创新型组织更适合采用矩阵式组织架构。运营型组织的目标与指标比较可预测，适合运用关键绩效指标（KPI）进行绩效管理；创新型组织的目标与指标不可预测，适合运用目标与关键结果（OKR）进行绩效管理。运营型组织的驱动力是外在动机，通过奖罚与物质激励比较有效；创新型组织的驱动力是内在动机，其激励主要靠自主性与高人才密度下的内部竞争压力。

组织治理的目的是通过组织设计（组织架构、流程体系等）使员工能够充分发挥所长，最大化工作效率，实现资源的优化，确保员工及组织的所有动作都以战略为中心，从而实现一加一大于二的协同效应。组织架构有直线制、职能制、事业部制和矩阵制。比亚迪、美的等中国大型公司大多选用的是事业部制组织架构。华为与一些美国公司则选用的是矩阵制组织架构。组织架构没有对错，只有适合与不适合。

在激发员工动力方面，华朗咨询提出了三感激励模型：参与感、成就感和归属感。这一模型旨在通过满足员工的这些需求，使他们更有意愿在组织中持续发挥自己的能力，为公司创造更大的价值。对于高挑战的研发型工作，物质激励不是主要驱动力，最重要的是员工能否找到自己热爱的岗位。当员工热爱工作时，他们就会踏实工作。如果兴趣爱好与工作机会相结合，他们就会无怨无悔。因此，要重视这些人才在工作岗位上的表现，并以其贡献作为评价的标准。这才是激励的本质。

十倍创新人才：人才是创新的第一资源

人才是创新的第一资源。

人才管理的CAD模型，是华朗咨询原创的一套简单易行的人才发展方法。在CAD模型中，C是指人才标准构建（Competency，包括胜任力模型、任职资格、人才画像等），A是指人才盘点（Assessment），D是指人才发展（Development）。

人才管理始于根据企业基因设定的人才标准，通过人才盘点发现组织三至五年的人才需求，进而基于这些短、中、长期的人才需求制订人才的选、育、用、留计划。人才发展包含人才选拔与专项人才系统培养计划。专项人才培养包含技术型人才、管理型人才、营销型人才等各类企业所需人才，通过训战的方法，遵循721法则进行批量培育。人才勃发，则事业奔腾。

十倍创新执行：用流程保障效率

企业的执行力如同军队行军打仗，如果没有好的执行力，再好的战略也难以落地。我们不要一流的想法、三流的执行，而要三流的想法、一流的执行。执行不靠天才把信带给加西亚，执行要学顺丰快递。执行要有准确的执行路径，确保每一个人都能执行到位，而不是靠安德鲁·罗文这样的天才。好的执行力不是靠打鸡血，不是靠天才，而是靠实实在在的管理系统。在影响执行力的诸多因素中，最重要的因素是流程体系。

执行的本质是流程。执行的公式是：执行力=速度+精度+准度。流程体系是执行力得到保障的第一性原理。

十倍创新文化：卓越组织的原动力

中国波澜壮阔的改革开放40多年发展史，就是一部跌宕起伏的中国企业家精神成长史。

企业和企业家长期面临着来自政策、技术、市场、产品、组织等方面的各种不确定性挑战，更为深层的挑战则来自理念层面、价值观层面的深刻反思。

有追求的企业家会为自身和企业设定使命，制造信念。然而，设定使命是需要勇气的。当企业家在组织中设定了某种使命，他自己首先必须拥有强烈的使徒精神。什么是使徒精神？我认为使徒精神的内核就是传承与奉献，即传播使命，直至生命终结的精神。企业家的使徒精神就是通过产品传播其使命，直至生命终结，这就是企业文化与企业家精神的第一性原理。

从商人到企业家的转变，是一个从仅仅关注经营业绩到寻找生命意义的升华过程。企业家以产品为桥梁，探索人生的彼岸，以苦为乐，获得新生。这是一种既活在当下，又连接永恒的生命活力。我们常常以为，当生活条件变好了，有事业，有家庭，有各种便捷的高科技时，我们就会快乐，但当我们拥有这一切之后，生活反而变得更加空虚。有的人陷入了欲望的漩涡，有的人则走向了追寻意义的窄门。伟大的企业家都是走向窄门的人。

成功企业家是卓越的商业思想家，是杰出的文化导师，是"无中生有"的企业战略家。他们既是企业家也是政治家，更是人性大师。

十倍创新资本：产融互动，金融为器

经营企业的底层逻辑要从经营赚钱的企业转变为经营值钱的企业。经营产品如同爬楼梯，而产融互动如同乘坐电梯。不善用资本力量的企业难以成为超级企业。市值战场是超级企业的必争之地。

比亚迪从仅有250万元资金、20名员工的初创企业，到成为中国制造业中第一家市值过万亿元的上市公司，旗下布局A股与港股多家上市公司。比亚迪原始投资人的投资回报率超过两万倍，是中国投资史上绝无仅有的回报率。

我根据比亚迪的市值管理案例，结合多年资本市场的市值管理经验，提炼出一套系统的市值管理模型，简称企业市值管理非常"6+1"模型。企业市值管理的公式为：企业市值=净利润（E）×估值因子（PE）。这一模型涵盖了影响企业市值的六个显性要素与一个隐性要素。六个显性要素分别为产业空间与竞争结构、商业模式与战略方向、人才密度与人才体系、组织能力与组织活力、经营指标与运营效率、4R关系与股东结构。一个隐性要素为组织创新能力，组织的创新思想与创新能力从根本上决定了企业的最终价值。

第二篇
管理创新模型

第二章

十倍创新战略

第二章　十倍创新战略

中国改革开放四十多年，英雄豪杰辈出，你方唱罢我登场。有的登上福布斯，遂了凌云志，有的则折戟沉沙，正如长江后浪推前浪，前浪拍在沙滩上。然而，不管结局如何，在壮志凌云、剑指苍穹的豪情背后，你是否体会到了更多的深沉孤寂与长泪满襟？四十余载，韶华已逝。古道西风，横刀跃马，大漠孤烟中，驰骋的背影依稀可见。蓦然回首，古今多少事都付笑谈中。

十倍创新战略是领先战略，关键是明白当下怎么行动，才能铸就未来。领先战略就是以未来的目标来规划今天的行动，以终为始，其着眼点在于打造"势"能，提前布局或占领关键位置。这是我多年战略咨询的关键心法。

战略的关键在于势，即顺势、借势、造势！形成战略势能的核心是创新。创新即不同，十倍创新即十倍不同，十倍不同带来十倍增长。十倍创新战略规划的目标是要构建"以一当十"的战略优势，而执行的目标是要构建"以十打一"的战术优势。

"以一当十"的核心思想是预见，关键是抓住主要矛盾与杠杆的支点。事物的主要矛盾与矛盾的主要方面影响着事物发展的全局与关键，这需要从月球看地球的全局思维及从未来看今天的逆向思维，寻找"以一撬十"的战略支点。

"以十打一"的核心思想是聚焦，是舍九取一，十倍聚焦，是利出一孔，力出一孔，以形成战略势能，进而通过掌控关键局部的绝对优势来掌控全局。

十倍创新战略规划可概括为三句话：战略就是预见，战略就是聚焦，战略就是迭代。十倍创新战略的执行路径有三条：技术同根、客户同源、人才复用。

以上是十倍创新战略的基本概述，下面从十倍创新战略思想、战略规划的BLM模型、战略落地的三大路径三大方面展开论述。

第一节
十倍创新战略思想

关于企业战略的定义与内涵,大师与先贤给出了多个版本。

哈佛商学院终身教授、世界顶尖的战略管理大师迈克尔·波特认为,战略就是创造一种独特、有利的竞争,这种竞争可以涉及各种运营活动,其本质就是战略即竞争。特劳特在《什么是战略》一书中总结道,战略是企业在大竞争时代的生存之道,它关乎企业如何进入顾客心智并被选择,其本质就是战略即定位。鲁梅尔特在《好战略,坏战略》一书中提出,好战略有三大要素:调查分析、指导方针、连贯行动,其本质就是战略即杠杆,意在扬长避短。知名战略咨询公司麦肯锡认为,战略就是一套系统的、完整的、合理的行动方案,包括何处竞争、何时竞争、如何竞争等。彼得·德鲁克认为战略不是研究我们未来做什么,而是研究我们今天做什么才能拥有未来。加拿大管理学家亨利·明茨伯格在《战略历程》一书中总结了包括设计学派、计划学派、定位学派等在内的战略"十大学派"。诸如此类的定义还有很多,自成体系又相互关联。纵览后我们不难发现,这些定义从不同角度诠释了战略的内涵,横看成岭侧成峰,远近高低各不同,各有其独特的深度。这些定义大多源自西方逻辑,对战略的理解存在一定的片面性,缺乏战略的系统性与全面性,难免有点盲人摸象之感。

我认为,战略二字,从字面理解就很全面了。战,就是战争,关乎生死;略,代表少数,特指关键的少数。因此,战略就是决定生死的关键少数的决策与行动。所以，战略就是关键时期的关键决策，关乎如何做正确的事以及如何正确地做事。

纵观战略思想的演变史，大致可以分为两条线，一条是基于战争与政治的战略，另一条是20世纪兴起的商业战略。前者已有2500年以上的悠久历史，而后者的发展不到百年。

战争与政治的战略，中国相较于西方，有着更为深远的源头和更为成熟的发展。《孙子兵法》成书于公元前515—前512年，比克劳塞维茨的《战争论》早了约2300年。中国史书中关于战略的论述浩如烟海，从《春秋》到《二十四史》《资治通鉴》，一路延续到近现代史，跨越上下五千年，蔚为大观，一脉相承，不曾间断。

商业战略的发展史不过百年。1957年，艾伦·内文斯在对亨利·福特和福特汽车公司的历史定义中，第一次提到了"战略"一词。随后的七十年中，这个词在商业世界中展现出蓬勃的生命力。商业世界的多样性和复杂性，导致人们对商业战略的理解众说纷纭，流派极多。从安索夫、钱德勒、明茨伯格、波特、熊彼特、克里斯坦森等专家学者，到福特、丰田、迪士尼、盖茨、乔布斯、马斯克、任正非等企业家，他们共同推动了商业战略智慧的发展。

明茨伯格在《战略历程》中总结了战略的十大流派：设计学派、计划学派、定位学派、企业家学派、认知学派、学习学派、权力学派、文化学派、环境学派、结构学派。尽管这些战略流派各自强调其理论的前沿性与深度，但作为中国企业管理一线的咨询顾问、企业家和高管，我们普遍感受到的是战略的实用性。只有那些能让企业更多管理者与员工容易理解和执行的战略，才能称之为好战略。

总结前人的研究，根据战略理论的侧重点不同，我将企业战略归纳为三大流派：竞争学派、进化学派、创新学派。

企业战略的三大流派

1. 竞争学派

竞争学派是当前西方战略学派中的主流。该学派主要侧重于外生论，即从外部环境来定位企业战略。

在明茨伯格提出的"十大学派"中，设计学派、计划学派、定位学派、环境学派都可以归入竞争学派。这一学派中涌现出许多杰出的大师，如钱德勒、安索夫、波特等，其中安索夫和波特是最具代表性的两位。

1962年，钱德勒在《战略与结构》一书提出了"环境—战略—结构"之间的互动关系，认为环境决定战略，战略决定组织结构。

1965年，企业战略管理的先驱伊戈尔·安索夫出版了《公司战略》，提出了安索夫矩阵模型，系统阐述了企业如何通过产品与市场的组合来优化公司经营。这一理论被认为是企业战略管理理论的开端。安索夫认为，企业既不能靠直觉发展战略，也不能以自然形成的方式实现增长。有效的战略产生于严谨的思维中。战略的形成是一个深思熟虑的过程，必须基于深入的分析、充分的理由才能采取行动。

继安索夫之后，20世纪80年代，战略大师迈克尔·波特将战略理论推向了一个新的高峰。他被誉为"竞争战略之父"，其理论被称为"竞争战略理论"。他的代表作是竞争三部曲：《竞争战略》《竞争优势》《国家竞争优势》。他的主要贡献是将经济学与管理学相结合，为战略分析建立了一套基本的分析框架。

2. 进化学派

进化学派认为，以外部环境为导向的竞争学派常因现实环境的复杂多变和难以预测而显得不切实际，难以做出特别有效的长远预见。因此，只有那些持续迭代、持续进化的公司才能最终生存下来。企业的发展，如同生物的进化，大自然通过适者生存法则自然淘汰企业。无法适应外部环境变化、无法及时做出调整的企业，将被无情淘汰。战略不是外生的，也不是规划出来的，而是在动态过程中涌现出来的。用通俗的话讲，战略是打出来的。战略的形成是一个持续生长的过程。战略是内部与外部交互影响的结果，取决于心智认知，共同学习和组织进化。最佳的战略旨在最大化当前的生存机会。

明茨伯格"十大学派"中的学习学派、文化学派、结构学派都可归为进化学派。进化学派的代表是明茨伯格和穆尔。

进化学派形成于人们对战略从生态学、心理学、行为科学和社会学等新视角进行的探索。以明茨伯格为代表的组织学习论认为，没有公司能真正选择战略，战略很少能像预期那样执行，而是公司选定一个方向后，接受市场和竞争者的反馈，不断调整。明茨伯格认为，战略是在组织共同学习过程中自发形成的，并非规划而成。战略的形成是深思熟虑与自然呈现的结合，是一个持续摸索、学习和调整的过程。战略家需要在计划性与灵活性之间找到平衡，过于偏向哪一端都不利。

1996年，穆尔在《竞争的衰亡》一书中阐述了商业生态系统的概念，研究了商业生态系统的核心成员（即领导企业），以及商业生态系统的生命周期（开拓、拓展、领导、更新或死亡等四阶段）。进入21世纪，随着互联网、物联网、5G通信、云计算、大数据和人工智能等技术的快速发展，企业赖以生存和发展的商业生态系统发生了天翻地覆的变化，穆尔前瞻性的商业生态系统理论的价值将日益彰显。

3. 创新学派

从21世纪初至今，战略的侧重点已转移到创新上。以创新和创新型组织为特征的智力资源是企业战略的核心。战略从外生派，转变为以人为中心的内生派。这一学派的代表人物是熊彼特、德鲁克与克里斯坦森。

创新学派的始祖是熊彼特。早在1912年，他就发表了《经济发展理论》一书，创立了创新理论。熊彼特认为，企业家是市场经济的灵魂，而企业家的核心特质是创新。所谓创新，是要"建立一种新的生产函数"，不断进行技术革新和生产方式的变革，不断颠覆旧有的技术和生产方式，动态确立"生产要素的重新组合"。企业家是通过破坏性创新"无中生有"的人。这种以企业家为主体的企业创新能推动经济周期的新一轮循环。所以，创新是经济发展的唯一因。

德鲁克继承了熊彼特的思想，但两者角度不同。熊彼特主要从经济学角度阐述创新，而德鲁克从管理学角度阐述创新。他在《创新与企业家精神》中提出，有目的的创新、创新的策略及创新型组织三者同等重要，三者的综合则是组织创新的核心思想。德鲁克给创新下的定义是：为客户创造价值的创新才是真创新。创新是可以学习的，它不是个别创意的堆砌，而是集体智慧的结晶。创新是企业家精神的内核，是组织的创新。企业家是组织创新的灵魂。创新的机遇有七个主要来源：意料之外的成功或失败、不协调的现象、程序的需要、行业或市场机构的变化、人口结构的变化、认知的变化、新知识。

克里斯坦森则从技术创新、组织创新与创新者的角度来阐述创新，并提出了"颠覆式创新理论"。《创新者的窘境》是对乔布斯影响最大的一本书。1997年，他在《创新者的窘境》一书中揭示了创新的一个重大秘密：创新的非连续性。连续性创新与非连续性创新之间存在不同的价值网络，导致原来成功的创新者无法跨越非连续性的鸿沟，反而是一些边缘创新逆袭成为主流创新，进而产生颠覆式创新。例如，胶卷相机之王柯达被自己发明的数码相机技术所打败，就是这一理论的经典案例。同样，乔布斯则主导了智能手机打败模拟手机之王诺基亚的经典之战。

十倍创新战略的两大核心原则

1. 杠杆原则：以一当十

十倍创新战略不是平均用力，而是在主要矛盾点上用十倍之力。杠杆是最好的一个明证。阿基米德说："给我一根足够长的杠杆和一个支点，我可以撬起地球。"十倍创新的产品或解决方案必须在某一关键点上超越现有产品十倍，而非全面领先。"伤其十指不如断其一指"，这才是战略的本质所在。只有在某一特定点上比现有产品或解决方案好上十倍，才能创造非对称竞争态势，具有明显优势的产品或解决方案可以在客户体验感和客户价值，形成强大的势能，彻底打破用户对旧有产品或解决方案的依赖，从而快速获得用户的支持和忠诚。

任正非先生在接受采访时提到，可以做好5G的公司有几家，可以做好微波传输的公司也有几家。但是，可以把5G和微波传输相结合，组成5G传输网络的，全球只有华为可以做到。这意味着，一家覆盖广泛的电信运营商，一旦采用华为的设备，就可能节省高达数百亿美元的基建投资。华为是唯一一家能够同时实现这一技术并大规模降低成本、提升客户体验的公司。因此，我们可以说，华为的这项技术也是一项十倍创新。一些国家为了限制华为的产品，就要付出更多基建成本，这就是创新的真正价值所在。

2. 聚焦原则：以十当一

作为市场的新进入者，十倍创新的产品或解决方案虽然代表着行业趋势，且在某些方面优于现有产品十倍，但是作为新生事物，在力量对比上仍难以压倒现有的行业巨头。因此，必须在战术上采取以十当一的策略，集中绝对优势资源，以彻底实现十倍创新产品或解决方案的价值。

华为的成功就是其"战略上的以一当十和战术上的以十当一结合"的体现。任正非在接受采访时曾经总结道，华为坚定不移28年只对准通信领域这个"城墙口"冲锋。我们成长起来后，坚持只做一件事，在一个方面做大。华为只有几十人的时候就对着一个"城墙口"进攻，几百人、几万人的时候也是对着这个"城墙口"进攻，现在十几万人还是对着这个"城墙口"冲锋。密集炮火，饱和攻击。每年投入1000多亿元的"弹药量"炮轰这个"城墙口",其中研发近600亿元,市场服务在500亿元到600亿元之间。最终,在大数据传送技术上我们领先了世界。引领世界后,我们倡导建立世界大秩序,建立一个开放、共赢的架构,有利于世界成千上万家企业一同建设信息社会。

第二节
战略规划的BLM模型

十倍创新战略,以多元结构思考力为底层思维,以一二三四五战略模型为路标,以业务领先模型(Business Leadership Model,BLM)为战略管理工具,是一套完整的战略思想与工具方法,旨在实现企业战略的全面重塑和赋能。十倍创新理念是战略的灵魂,而BLM是战略的落地工具。BLM模型把战略划分为三个阶段、九大步骤、三十个核心问题,把战略的高难挑战转化为简单问题,通过层层解构与重新组合,将复杂的战略问题转化为简单的数学运算,化战略为行动,切实将"上兵伐谋"的战略思想转化为推动企业高质量发展的实际行动。

BLM模型是IBM在2003年和哈佛商学院的教授等一起研发的成果。BLM模型认为,企业战略的制定和执行包括九个相互影响、相互作用的要素,分别是差距分析、市场洞察、战略意图、创新焦点、业务设计、关键任务与依赖关系、氛围与文化、人才和正式组织等,如图2-1所示。

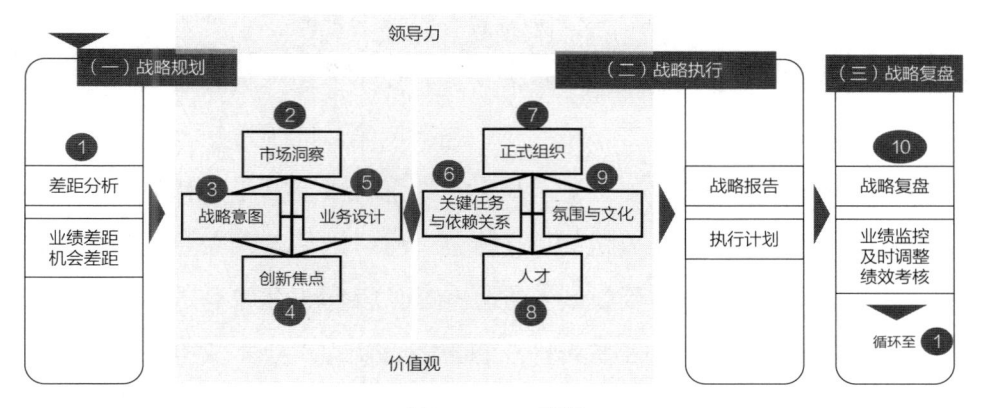

图2-1 BLM模型

BLM模型之所以在中国广为人知，是因为华为大概于2006年花了3000万元从IBM引进了该模型，用于解决业务战略的分析与解决。很多企业在学习华为时，总会引入BLM模型。然而，如果仅有BLM模型，没有战略思维与战略理念，BLM模型就是一堆废纸。千万不能把模型机械化，因为一旦机械化，其便没有了灵魂。

相反，如果仅有思想理念而没有模型工具，战略思想理念就成了空中楼阁，难以落地。因此，只有战略理念加模型工具，才是完美的组合。

BLM模型从时间上看可分成战略规划差距分析（对应战略意图、市场洞察部分）、战略解码（对应业务设计和创新焦点部分）、战略复盘（对应战略执行、战略报告、执行评价等部分）三个阶段；从空间上看，它是以价值观为地基（即价值观支撑战略制定和执行）、以领导力为天花板（领导力水平决定了战略制定的高度和战略执行的深度）、以战略规划为出发点、以战略执行为过程、以市场结果为归宿。因此，BLM模型是一套基于时空统一的战略理论模型。具体步骤如下所述。

第一步：差距分析

战略是由不满意激发的，而不满意是对现状和期望业绩之间差距的感知。战略规划从差距分析开始,因为有差距才有动力,也就是利用所谓的创造性张力去弥补这种差距。差距分析包括业绩差距和机会差距,简称双差分析。业绩差距是看过去,机会差距是看未来。业绩差距是现有经营结果和期望值之间差距的量化陈述。机会差距是现有经营结果和新业务设计所能带来的经营结果之间差距的量化评估。弥补业绩差距需要加强战略执行,而弥补机会差距则需要设计新的业务模式。因为还没有进行正式的市场洞察,所以第一步的重点是识别业绩差距,切入点是本业务单元的财务表现和市场表现。

第二步:市场洞察

市场洞察力决定了战略思考的深度,其目的是清晰地把握未来的机遇以及企业可能遭遇的挑战与风险。它要求我们理解和解释市场上正在发生的变化,以及这些变化对企业未来的影响。参考五看三定模型中的五看(见图2-2),可以发现市场洞察主要指的是重点要在以下三个方面进行清楚的了解,不仅要了解现状,还要试图预见未来的发展。

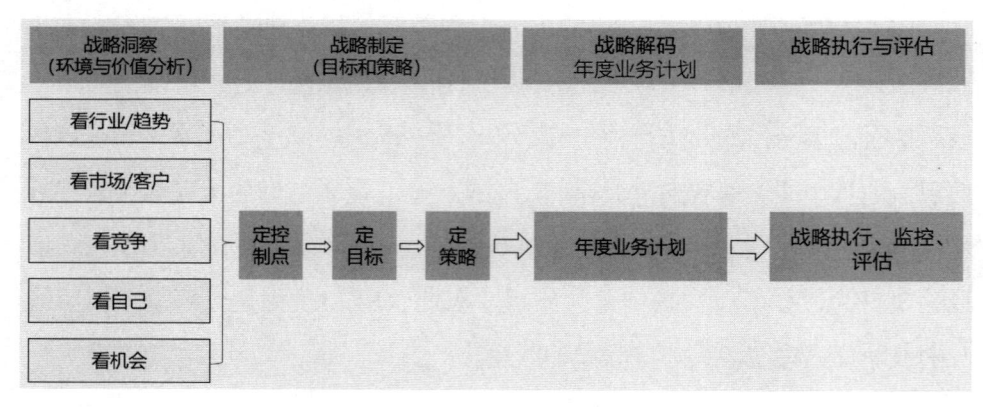

图2-2 五看三定模型

1. 看趋势

- 产业格局有哪些变化趋势?对我们有什么影响?有哪些机会和威胁?

- 行业发展有哪些变化趋势？对我们有什么影响？有哪些机会和威胁？
- 新技术（从产品到解决方案和服务）有哪些发展变化趋势？对我们有什么影响？有哪些机会和威胁？

2. 看客户
- 可以通过哪些细分标准对我们的客户进行分类？
- 不同的客户对产品和服务的需求偏好、关注重点、痛点、关键购买因素分别有哪些？
- 目前市场空间或市场存量估计有多少（分产品的存量评估）？我们可参与的空间或概率有多大（机会评估）？

3. 看对手
- 主要竞争对手的战略、价值主张、主要竞争策略/手段是什么？
- 目前的竞争格局如何？与主要竞争对手相比，各自的优劣势是什么？
- 竞争对手有哪些值得我们借鉴的地方（标杆企业分析）？
- 我们可以抓住哪些市场机会点来超越竞争对手？

第三步：战略意图

战略意图指的是公司或者部门的方向和希望实现的目标，即想要做成什么样的事和达成什么样的结果。好的战略规划，始于对战略意图的清晰陈述和战略目标的明确表达。战略意图包含了使命与愿景（10年以上的长期目标）、战略目标（3～5年的中期目标）与近期目标（1～2年的目标）。使命是出发点，愿景是到达点。

战略意图包括：
- 使命与愿景：追求可持续的、具有竞争优势的业务领先地位，展现长期的、可持续的获利能力。愿景具有纲领性、情感契约性，既现实又充满挑战。

- 战略目标：通过有效的、合理的、灵活的运营模式，赢得现有市场的增长机会，同时保持快速适应市场变化的能力，如产品、服务、市场、客户、技术及时机等相对宏观的指标。
- 近期目标：通过业绩可衡量的指标（如利润、成长率、市场份额、客户满意度及新产品等相对微观的指标）来体现。

第四步：创新焦点

把创新作为战略思考的焦点，其目的是捕获更多的思路和经验。好的创新体系是企业与市场进行同步的探索和实验，而不是脱离市场的闭门造车。创新焦点主要解决以下三大问题。

1. 业务组合

通过探索和发现新的业务组合和增长机会点，业务组合需要充分协调好核心业务、成长业务、新兴机会之间的优先次序、权重大小。

核心业务是当期收入与利润的主要来源，需要重点关注利润表现与现金流等指标，同时明确哪些产品和服务属于核心业务、采取什么措施扩展与防守以确保利润率。

成长业务是未来1~3年市场增长和扩张的主要来源，需要重点关注收入增长、新客户/关键客户获取、市场份额增长、预期收益、净现值等指标，同时明确哪些产品和服务属于成长业务、如何投入资源、采取什么措施促进成长业务发展。

新兴机会是未来3~5年市场增长和扩张的机会点，需要重点关注项目进展的关键里程碑、机会点的数量和回报评估、从创意到商用的成功概率等，同时明确哪些产品和服务属于新兴机会、是否为新兴机会下赌注。

2. 创新模式

探索和发展创新模式，旨在获取竞争优势。常见的创新模式有三种。

- 内部管理创新与业务流程创新，旨在改善企业内部核心职能领域的效能和效率。例如，发展最佳的成本结构，优化流程以改进生产力，核心职能再造以提高效率等。
- 业务模式创新与商业模式创新，即重建和发展企业的业务运营模式，以提高市场运作效率和盈利能力。例如，发展业务运营的新方式，建立合作伙伴关系，提升业务灵活性以快速响应市场等。
- 产品创新与服务创新，即用于进入新的产品和市场领域，或聚焦客户的新需求。例如，发展和发行创新产品和服务，进入新市场寻找新客户，推行新渠道和交付路径等。

3. 资源利用

谨慎地投资和分配资源，包括资源配置的优先次序、时间与空间组合等，以获取最大价值。因为资源是有限的，好的战略设计及模式创新，如果未得到最优的资源投入和配置，最终的执行结果将大打折扣。因此，必须将资源的杠杆作用发挥到最大。

第五步：业务设计

战略思考要落实到业务设计中，即判断如何利用企业内部资源创造可持续的战略控制点。好的业务设计要回答两个基本问题：新业务设计能否建立在现有能力基础上？若不能，能否获得所需的新能力？业务设计具体包括：

（1）客户选择。客户选择需要解决的问题包括：选择客户的标准是什么？如何确定优先级？谁是你的客户，谁不是？在该细分市场下，客户有哪些特定的需求？如何面对快速增长的市场？

（2）价值主张。价值主张需要解决的问题包括：我们提供的产品和服务是否以满足客户的最终需求为导向（客户需求）？客户是否真正认可我们的产品和服务（独特性）？我们是否能帮助客户实现增值和收益（有影响力）？

（3）价值获得。价值获得需要解决的问题包括：如何赚钱？我们依靠什么吸引客户并获取利润？是否有其他盈利模式？

（4）活动范围。活动范围需要解决的问题包括：经营活动中的角色和范围具体是什么？哪些业务活动需要外包或外购？如何与合作伙伴开展协作？

（5）价值持续增值。价值持续增值需要解决的问题包括：客户需求的转移出现了哪些趋势？如何定位我们在价值链中的地位？我们如何保护利润？

（6）业务风险管理。业务风险管理需要解决的问题包括：我们所面临的不确定性有哪些？我们所面临的潜在风险有哪些（如市场、对手、技术）？如何从全面视角去审视外部和内部环境？

第六步：关键任务与依赖关系

关键任务的设定统领着执行的细节。关键任务是连接战略与执行的轴线点，明确了执行的关键任务事项和时间节点，并对企业的流程改造提出了具体的要求。关键任务的设定旨在支持业务设计，尤其是价值主张的实现，这主要体现为一系列持续性的战略举措，包括业务增长举措和能力建设举措。我们可以从以下几个方面进行思考：客户管理、产品营销、产品开发、交付、平台、服务、风险管理和能力建设、重要运营流程的设计与落实等。

同时，我们要考虑实现关键任务所需的相互依赖关系，如内部的互相依赖关系、与供应商（以及与交易相关的同盟者）的依赖关系、与外包合作伙伴的依赖关系、与顾客和渠道的依赖关系、与兴趣社区/团体的依赖关系、与影响者的依赖关系等。

第七步：正式组织

正式组织是执行的保障。在拓展新业务的时候，一定要舍得投入人力和资源。同时，要建立相应的组织结构，制定管理制度，建立管理系统，以及设定考核标准。否则，执行效果将大打折扣。组织结构的设计和运作，就是要做好"布阵"，便于主管领导、控制和激励团队实现公司的战略目标。正式组织建设需要关注的问题有：

- 组织架构、管理体系和流程；
- 资源和权力在组织内的分配，如授权、行权与问责、决策流程、协作机制、信息和知识管理等；
- 关键岗位的设置和能力要求；
- 管理和考核标准，如管理幅度和管理跨度、管理与考评、奖励与激励系统、职业规划、人员和活动的物理位置等。

第八步：人才

人才要有相应的技能去完成战略的执行。这包括技能的描述，以及获得、培养、激励和保留人才的措施。人才培养及能力建设需要关注干部、专家、员工三支队伍的建设：

- 目前干部队伍（能力素质与领导风格）是否能支撑业务目标及战略目标的达成？怎样提升领导力？重点提升哪些能力？
- 目前专家队伍在能力上是否能支撑战略目标的达成？专家数量是否足够？其能力是否足以支撑？如何获得、培养、激励、留存专家人才？
- 目前员工队伍的能力是否能支撑战略目标的达成？员工数量是否足够？其能力是否足以支撑？如何激励和留存员工？

第九步：氛围与文化

企业文化是企业"持续经营"的人文底线，是竞争对手难以模仿和复制的独特优势。其中，价值观更是企业文化的核心，在BLM模型中，价值观是底座和根基。企业文化中，既包括看得见的部分，如行为举止、主管的领导风格及其他表象与象征等，也包括看不见的部分，如占主导地位的企业核心价值观和信仰、经过验证并传递给员工的思考定式和假设、规则或者组织行为标准等。氛围与文化需要解决的问题包括：

- 我们要用什么标准来衡量决策的对错？
- 什么是我们必须坚持的？
- 我们信奉的最高宗旨是什么？
- 我们做事的基本原则是什么？

战略的执行正如每个主管需要考虑的三件事：建组织、布人力、置系统。战略的执行应在战略的规划阶段就已经设计好。在第六步"关键任务"时，就要考虑战略的十大必赢之仗，并将其转化为年度经营计划，再借助平衡计分卡将经营计划分解为各中心、各部门的季度及月度指标。

战略规划与战略执行是两种不同的思维模式，如同两个不同的大脑在工作。规划需要远高于现实的概念思维能力，能够穿透现象看本质；执行需要严密的逻辑推理能力，步步为营、环环相扣。战略规划追求的是方向模糊但正确，战略执行则要求组织充满活力。规则与执行，犹如中国《易经》中的阴阳太极图，一阴一阳，一虚一实。虚的是战略方向，方向一实，则执行缺乏弹性，如蒋某人指挥军队，连炮位都亲自管理，何来把握战机？所以，方向要虚，要模糊，但方向必须是正确的。而执行要实，战略需要通过解码转化成每个阶段的具体任务，并明确完成标准（数量与质量）、人员、时间、成本及奖惩措施。从战略规划的实际情况出发，从时间维度来看，一般是十年以上的称为愿景，五年以内的称为战略，一年的称为经营计划，而每季、每月、每周、每天的任务称为工作计划，层层分解，人人负责。战略包含战略规划、战略解码、战略复盘三大阶段，即从格局到布局再到部署，一阴一阳，一虚一实，虚中有实，实中有虚。战略先有规划，后有解码执行，而执行过程中又需要不断复盘，持续优化规划，这是一个动态过程。所以，战略不仅是规划，更重要的是实战，正如任正非所言，战略是打出来的。

在战略规划与战略执行的过程中，还有一个非常关键的环节就是战略复盘。战略评估及复盘旨在组织缺陷自我修复，形成一个自动的纠偏系统。战略进化派认为战略是进化而来的，这一观点有一定的道理。知行合一意味着行与知一同进化，在战争中学习战略。所以，战略的规划与执行不是一成不变的，而是需要定期评估与复盘。

华为从组织和流程上确保战略评估及复盘的落地。华为在经营分析会、干部述职汇报总结中，要求负责人从"摆数据、找差距"开始，聚焦差距和不足，找出自身的根本原因，持续改进，以便为客户创造更大的价值。然而，不少企业的管理者在会议上往往报喜不报忧，害怕暴露和剖析自己的不足，担心影响自己的威望和利益。对于不愿意或不能够开展深度复盘的干部，华为的做法是"请其让位"。

复盘不仅要审视结果，更要善于回顾过程。复盘的目的是找出达成目标的关键成功因素。因此，复盘的结论必须排除偶发性因素，通过交叉验证形成可操作性的程序，以便后续执行。

战略规划、战略执行、战略复盘，这三大阶段循环往复，战略方能成功实施。

第三节
战略落地的三大路径

战略方向与战略路径的选择决定着的企业的生死存亡。特别是有些企业在单一产品成功之后，选择走多元化道路，但大部分都以失败告终的案例，使得全球商学院的主流战略倾向于专业化而非多元化。观察美国的企业，除了通用电气是多元化成功的案例，其他企业的多元化大多以失败告终。而中国的企业，普遍是多元化成功的企业。深入探讨，这是东西方底层思维的不同造成的。在此我们不做细论。在中国的企业中，大部分巨无霸企业最终都是通过走上多元化道路而取得成功的。除了底层思维的影响，选择正确的扩张路径也是关键。

比亚迪、富士康、华为有一个共同的特点，就是在战略路径的选择上，先是在单一产品上做到"数一数二"的地位，而后走了客户同源、技术同根、人才复用的快速而稳健的多元化之路。

客户同源

客户同源是最容易走的扩张路径。因为手握客户，反向生产的方式大大降低了投资风险。这种针对同一客户多次销售不同产品的理念就类似于从单一的专卖店转型为综合性购物中心，正如京东从最初的电器销售平台扩展为全品类销售平台。这是一种"一站式销售""一鱼多吃"的营销策略。

第二章 十倍创新战略

富士康、华为、比亚迪，无一例外地选择了这样的多元化扩张路径。

富士康最早以连接器起家，成功将连接器业务做成全台湾第一。当时，台湾做连接器的厂商不下200家，但规模都不超过50人。而富士康的连接器业务却发展至3000人，一举成了全台湾的行业领先者。

富士康做大后，其第一个大客户是当时计算机领域的佼佼者康柏。由于康柏的出货量大，原有的机箱供应商无法满足需求。富士康立马接棒，为给康柏供应机箱，而后凭借越来越精密的机箱制造技术拿下戴尔、苹果等计算机品牌大厂的机箱订单，一举成了全球机箱之王。随后，富士康又进军计算机的"准系统"领域，最终实现了计算机的全系统组装。通过提供从零件到组装的全流程服务，富士康一举成了计算机代工之王。

所谓计算机"准系统"，就是指在计算机完成"系统"组装之前的上一个"组装阶段"。一般来说，计算机可分为十一个组装层级阶段，组装完成后，出货给品牌大厂，如早期宏碁为IBM组装、大众为HP组装等，而所需的组装零件则来自鸿海富士康、台达电等电子零组件公司。随着富士康掌握了大量的上游零组件制造技术，它也逐步向"准系统"领域拓展，增加了自己的"服务项目"。最终，富士康实现了对整个计算机服务的完全代工，完成了"一站式销售""一鱼多吃"。此举直接将营收扩大了几百倍。

在成为计算机代工之王后，富士康又开始了通信产品手机，以及游戏机等消费类电子产品的代工业务。代工产品从PC拓展到3C（计算机、通信、消费类电子产品），再从3C跨越到6C（计算机、通信、消费类电子产品、数字内容、汽车零部件、通路），富士康成为名副其实的代工之王。

华为最早以交换机起家。1987年，华为技术有限公司在深圳成立，成为一家生产用户交换机的香港公司的销售代理。从1989年开始，华为逐渐走上了自主研发之路，从小型交换机起步，逐步地进入中型、大型交换机领域。华为早期的客户是酒店及事业单位，产品是用户级设备。1993年，华为转型专注于电信局用的产品，开始研发C&C08。所以，华为发展的关键时期是1993—1999年。1994年，万门程控交换机C&C08的横空出世，是华为的第一个十倍创新产品，也是华为里程碑式的产品。C&C08让华为在激烈的竞争中脱颖而出，成为中国电信的首选合作伙伴。并实现了华为"农村包围城市"战略。

华为通过C&C08程控交换机与客户建立了紧密的合作关系后，基于C&C08，华为将智能网、传输、接入网等多个产品也一起销售给中国电信。1998年，原电信管理局单独组建了移动局，后来又成立了中国联通。华为采用同样的战略一举拿下三大运营商，成为他们的主要供应商。

在此期间，华为通过向三大运营商销售C&C08交换机，并绑定销售智能网、传输、接入网产品。通过客户同源的一站式销售模式，销售收入从1993年刚刚突破1亿元，到1999年就突破了100亿元。仅仅六年时间，销售收入实现了从1亿元到100亿元的飞跃，这充分证明了华为客户同源战略的巨大成功。

比亚迪在锂电池领域走的是从低端向高端的发展之路。比亚迪的第一家世界级客户是摩托罗拉，而后是诺基亚，这两大巨头当时占了全球手机市场份额的65%以上。比亚迪借助这些大客户把锂电池业务做成了国内第一、世界第二。在锂电池业务做大后，不满足现状的王传福很快意识到，手机电池市场总体规模不过数百亿元，公司难以有大的发展。因此，比亚迪选择了手机零部件领域，实施了"one stop shopping"（一站式购物）战略，投入近2亿元用于手机零部件的制造。比亚迪的手机零部件业务直接与当时的世界500强企业富士康展开正面竞争，从手机设计、零部件生产到组装，比亚迪都能为客户提供全方位的服务。王传福曾形容这是"一种自上而下的垂直整合能力"。2007年12月20日，比亚迪手机零部件业务分拆并在香港上市（比亚迪电子）。比亚迪的第一事业部到第十事业部，主要是电池与手机产品事业群。

综合以上三家大型制造业的多元化扩张路径可以看出，客户同源是最容易成功的路径。互联网企业更是如此，亚马逊从最早的图书销售，发展成为全品类平台；京东也从最早的电器销售，拓展为全品类平台。这些都是客户同源的成功范例。

技术同根

技术同根路径是指基于企业现有的核心技术，进行平台化、模块化的技术扩张方式，像搭积木一样快速组装出新产品。技术同根的扩张确保了产品实现的可能性与稳定性，又保证了开发的速度，是技术扩张的稳定路径。

富士康早期的技术积累集中在机械领域。前面讲过，富士康的第一个破局产品是连接器。富士康能在连接器领域超越同行，其核心能力是模具的制造能力。过去，台湾主要靠"拥有十多年经验的师傅花费六个月完成一副模具"的生产模式。富士康则改变了这种由一个模具师傅从头到尾打造模具的生产流程，代之以现代化的工业生产流水线的方式，并且引入现代化的科技管理工具，将模具师傅的经验转化为数据库。用流程与数据库取代模具师傅，将模具制造从作坊式生产变成工业化大规模生产体系。这是富士康最初的核心技术能力。

在具体的做法上，富士康在模具发展上采取了重要策略，就是切割模具的制造流程，以分工的方式完成。模具制造被分成"模具设计""模具零件制造""模具组装"三大部分。富士康一方面"模具组织切割"，另一方面运用"现代化科技工具"进行管理：从2D设计到3D设计绘图，结合数据库管理，使模具可以被"分析"并找出"最佳化"方案。在这样的运作系统下，只需输入参数，就会很快模拟出产品。

郭台铭把模具的三个流程完全拆解，每一步都切割开来，再通过系统串联起来。一个模具甚至可以直接从中间切割成两部分，让三个阶段的流程各由两组人分别进行参数分析和生产规划。这也是鸿海能够累积十万套模具开发能力的关键。

正是凭借在模具领域的专业技术能力，富士康在机械加工领域掌握了真正的核心技术，进而生产连接线、机箱等精密制造零件及其他零部件，并在模具的技术平台上进行垂直整合。富士康正是凭借精密模具与大陆人海战术的成本优势，赢得了苹果的机箱订单，并抢占了原本由LG为苹果代工的一半份额。这一战略成为富士康崛起的重要助力。

华为的研发基于技术平台化、模块化的思想，平台成熟一个便推出一个，以此快速推出新产品。

华为的成功离不开其C&C08交换机技术平台。1994年，华为成功研发出C&C08万门机，采用光接口连接每个交换模块，不仅速度快而且稳定。在数字程控交换机市场大量涌现之际，华为迅速将C&C08交换机上的光接口转化为传输项目，仅用一年时间就成功推出了传输产品，比竞争对手提前了一年多。国外同样研发传输产品的公司至少需要三年时间，而华为在传输项目初期，研发人员对传输技术尚不熟悉，却能在一年内研发成功，这全归功于华为能在C&C08交换机平台上快速进行技术改造。

华为凭借C&C08技术平台，成功将SDH光接口、传输技术转化为模块化平台，助力接入网产品的迅速崛起。华为抓住机遇，仅用数月时间就研发出了远端接入单元和汇接设备。A8010接入服务器的推出，同样基于C&C08平台，一经上市便占据了高达80%的市场份额，使华为在互联网设备领域大放异彩。这种"搭积木"的研发模式，不仅加快了研发速度，还降低了风险。华为内部拥有数百位工程师持续优化技术平台，确保新产品始终领先市场。为了更快地掌握平台技术，华为甚至将实验室搬到C&C08交换机和光传输平台实验室，加强了团队间的交流。中研部设立的中央硬件部和中央软件部，为各产品研发提供了技术支撑，确保产品能在稳定平台上快速推出。

华为通过技术平台，根据不同产品需求进行技术整合，培育出众多优秀产品。这不仅是华为研发成功的秘诀，也是其持续领先市场的关键。

比亚迪从电池起家，一方面作为国际大厂的代工厂，为摩托罗拉等企业提供电池，另一方直接面向用户市场。其十分重要的经营策略就是核心技术与低成本。比亚迪从一开始就注重电池的核心技术——电芯，保证在价值链中获得最丰厚的利润。在运用中国充沛的劳动力市场方面，比亚迪创造了一套简单有效的工艺流程，将自动化大机器生产转化为半自动手工生产，以低成本保持产品的竞争优势。

比亚迪的核心战略，是基于其在物理化学技术平台积累的核心技术能力，追求核心业务的持续十倍速增长。其核心打法是积极进入锂电池相关的整条产业链，进行产业链整合，在现有业务成长潜力耗尽之前，着手建立下一个成长性业务，当新业务蓬勃发展时，以获取强大的竞争地位。在战略判断上，比亚迪作为技术型公司，更喜欢那些复杂、方向不易判断的产业。

从比亚迪进入四大产业的时间节点来看，比亚迪把握了时代的脉搏和节奏。中国手机产业链的崛起是比亚迪抓住的第一个重大时代机遇。新能源汽车产业链则是比亚迪抓住的第二个重大的市场机遇，2003年，比亚迪进入汽车行业时，中国已超过德国，成为继美国、日本之后的全球第三大汽车消费国，乘用车市场潜力巨大，拥有核心技术、高品质的自主品牌乘用车将大有可为。比亚迪在正确的时间里，进入了切合时代的产业，并在这些产业中创造了奇迹。

比亚迪的每一次战略调整，都使其经营规模更上一层楼。这得益于比亚迪总裁王传福对市场和技术趋势的精准把握，他将新技术研究与市场趋势相结合，形成了研发与市场结合的战略规划能力，为公司的十倍增长战略提供了有力保障。回顾比亚迪的扩张历程，其扩张可用"客户同源、技术同根"八个字来概括。从锂电池到手机业务的扩张是客户同源的扩张，而后续的汽车与储能业务的扩张，是基于锂电池这一核心技术平台的技术同根的扩张。

人才复用

人才复用很容易遭到误解。有人认为专业的人才应干专业的事，人只有一辈子专注于一件事才可能成功。也有人认为，人才应该复用。每个组织都有其特点与基因。例如，腾讯因其深厚的社交基因在社交领域具有显著优势，尽管它在电商领域有所尝试，但始终难以撼动该领域的巨大地位。华为与比亚迪能从B端业务成功拓展到C端业务，关键是做到了人才复用，克服了不同业务之间形成的组织思维惯性。富士康一直想从B端跨越到C端，却屡屡受挫，无法跨越人才复用的藩篱。

比亚迪从摩托罗拉、诺基亚——大B代工客户，转型至面向普通消费者的C端汽车业务；华为从中国电信、中国移动、中国联通——大B运营商业务，拓展到面向普通消费者的小C手机业务。B端与C端的业务逻辑是完全不同的，组织基因也会有很大差异。华为与比亚迪的共同做法是：通过建立以大规模本科及以上学历应届毕业生为主的人才蓄水池，提升人才储备的丰富度，同时建立以内部轮岗为核心的人才培养体系，并通过建立超越组织基因的底层思维模型，实现人才的大规模复用。

市场、人才、技术和产品是企业成长的主要牵动力。市场牵引人才，人才牵引技术，技术牵引产品，产品牵引更大的市场。在这四种牵动力中，人才所掌握的知识处于最核心的地位，这是一种迥异于我国传统企业的人才理念、市场观念。这一观念与传统企业的人才与市场理念存在显著差异。

华为的用人之道体现了对人才密度的高度重视和深度理解。任正非曾明确指出："我们既要尊重知识、尊重人才，又必须让他们明白他们只能是奋斗集体中的一分子，绝不迁就。任何人的学历在进入公司的一星期后就不再具有特殊意义，根据实践，谁能更好地发挥作用谁就会得到提升。"这段话彰显了华为在用人方面的严谨态度和务实精神。

以年轻的李一男为例，他的快速晋升充分说明了华为在用人方面的胆识和决心。李一男1992年加入华为，七天后便被评为高级工程师，几个月后成为万门机的项目经理，不到一年就成为华为交换产品的总经理。1995年，他成为华为副总裁，而1996年则升任为华为研发的一把手。他的成功不仅归功于自身的才华和努力，更离不开华为早期敢于大胆用人的战略决策。

自从1992年起，华为便在全国各名牌大学设立奖学金、奖教金、贷学金，以吸引优秀人才。任正非认为，振兴中华的根本在于振兴教育，因此早期华为每年都会投入大量资金用于人才培养。这种投入不仅为华为积累了宝贵的人才资源，也为国家的科技发展做出了重要贡献。

除了人才密度，以研发人才为导向的创新型人才的轮岗复用也是华为实现人才复用的重要策略。这种策略不仅提高了员工的综合素质和能力，也摆脱了经验主义的束缚。创新型人才凭借拆解组合原理与更底层的逻辑思维能力，成功脱离了经验主义的约束。

华为早期的人才骨干主要来自研发部门。C&C08项目组的成功为华为培养了一批杰出的领导干部，被誉为华为的黄埔军校。这个项目组中的很多工程师后来都成了华为副总裁、总监等重要职位的担任者。中研部的历任负责人也全部由早期C&C08项目组的人员担任，包括郑宝用、李一男、李晓涛、洪天峰、费敏和徐直军等人。C&C08万门机项目组最终产生了华为三位常务总裁及三任中研部总裁，以及两位高级副总裁和一位执行副总裁，在公司各部门担任总监的人员更是数不胜数。

与华为一样，比亚迪的各层次人才中，有三分之一的比例来自作为储备干部的应届毕业生。比亚迪在收购西安秦川汽车有限责任公司后，面临的最大难题就是缺少懂汽车的专业人才，特别是汽车营销方面的人才。

比亚迪在汽车行业能否成功，汽车营销是其"命门"。当时，南京菲亚特和吉利汽车的营销总经理，都是通过高昂的"转会费"和天价工资方请到的。在汽车界，营销管理方面的高手可谓是"千军易得，一将难求"。而当年主动请缨、临危受命的汽车营销公司总经理夏治冰先生，竟是公司原来的成本经理，从未涉足汽车营销领域。这位令人吃惊的"少将"，竟然是1998年北京大学毕业后加入比亚迪的"储备干部"，毕业不到五年就担任了营销总经理。这位年轻且没有汽车营销经验的"储备干部"所带领的汽车营销团队，不仅帮助比亚迪汽车度过了艰难时期，还取得了辉煌的业绩，将比亚迪汽车销量提升到自主品牌阵营的前列。另外，比亚迪"现金牛"锂电事业部的总经理何龙先生，也是1999年从北京大学毕业加入公司的"储备干部"。在比亚迪的中高层管理人员中，很多重要岗位与骨干技术人员都来自"储备干部"行列。

比亚迪事业部的裂变方式始于中研院。研发项目立项后，中研院随即成立研发小组，开始产品研发。随着产品的成熟与研发团队的壮大，从产品的预研到中试，再到产品的工程与量产，当产品成熟且有一定的市场份额后，原有的团队就从中研院独立出来，形成新的事业部。这种做法既是对团队的一种激励，也完全符合组织成长的规律。

关于人才复用的底层逻辑，在本书的拆解组合原理与十倍创新部分有详细的论述；而关于人才复用中的人才管理与人才培养方法，将在本书的十倍创新人才章节详细论述，在此不再展开。

客户同源、技术同根、人才复用是在实践中被证明的当下战略扩张最有效的路径选择。

第三章

十倍创新组织

第一节
激活每个个体

组织管理的核心在于激活每个个体。激活每个个体并非仅仅突显个体的价值，而是突显组织的整体效能，同时确保每个个体都能实现自我价值。一家卓越的企业，其最突出的产出不是有形产品，而是这个组织的每个员工。成就每个员工，是组织管理的终极目标。组织管理应从关注组织的整体目标转变为关注每个个体的有效价值。只要每个个体都能有效实现自我价值，整体也将实现最佳效能。若仅强调整体目标而忽视个体的价值与目标，则当整体与个人产生冲突时，这种仅依赖威权与强制手段实现组织目标的组织将显得脆弱不堪。

建设具备垂直基层动员能力的组织

任正非常说的一句话是，"方向大致正确，组织必须充满活力"。

让组织中的每个员工都保持活力，确保他们能与组织高层进行快速、简洁、高效的信息沟通并保持一致性，同时避免组织中出现滥竽充数的人员，这是每位企业家都面临的挑战。特别是随着组织规模的扩大，内部消耗也会增加，这通常被称为"大企业病"。大多数企业都面临着组织管理的度的问题，常常在"一管就死，一放就乱"之间摇摆。

任正非推荐高管阅读《大秦帝国》，并将其作为高管学习组织管理的教材。《大秦帝国》讲述了战国时代的秦国如何从弱国到强国,全景式地还原了秦国一统天下的全过程,同时深刻揭示了中国古代国家治理与组织演变的复杂性与智慧,为中国组织治理提供了宝贵的借鉴与启示。

看过《大秦帝国》的人都知道,秦国的崛起始于商鞅变法。商鞅在《商君书·弱民》中曾提及:"民弱国强,民强国弱。故治国者,务在弱民。"许多人误解了这句话,认为法家治国就是让人民穷困,只有让他们穷到无法生存,才会依附于国家,从而降低治理成本,甚至降低反抗的可能性。但实际上并非如此。商鞅变法推行郡县制以替代分封制,实行扁平化垂直管理的治理模式,减少了代理层(这与经济学家的某些理论相契合,他们认为企业存在的根本目的是降低代理成本),通过法制有效地将松散的农民组织起来,形成了"中央—基层"二层制的国家动员方式,即一个管理全面的政府与无山头的人民。要实现扁平化垂直管理,就必须消除政府和人民之间的豪强势力。这些豪强包括地方军阀、政治势力、富商贵族、大型企业以及各种帮派等,他们拥有财富和势力,有能力将散乱的人民组织起来,形成与政府对立的中坚力量。所谓的弱民,并不是削弱普通劳动人民的势力,而是削弱那些可以在中间吸血的豪强势力。只有当这些拥有中间商性质的豪强势力被消除后,政府的基层动员能力才能最大化,这才是这一重大组织变革的内在逻辑和精髓。因此,"国强民弱"的实质是组织要消除中间的豪强势力,具备强大的基层动员能力。只有具备强大的基层动员能力的组织,才能拥有真正的生命力和创造力,任何组织皆是如此。

若企业无法动员基层员工,其任何组织变革的尝试往往都会以失败告终。最具创新力的组织必然是那些能够激发基层员工创新力的组织,因为大量的创新都源于基层。例如,阿里的"双十一"、微信的红包、华为的万门程控交换机等具有十倍创新意义的产品都源于基层。越能有效地激发基层员工的创新力,组织的创新力就越强。

十倍创新战略需要具有十倍创新能力的组织来执行；而具有十倍创新能力的组织必然是那些有信仰、具备垂直基层动员能力的组织。因为只有具备垂直基层动员能力的组织，才可能实现上下一心，从而真正拥有强大的组织生命力。

组织能力建设的核心维度

我经常与客户探讨组织能力建设的问题，有一个基本常识是，战略可以外部引入，可以请专家和外部董事协助制定，但组织能力必须是内部生成的。组织能力的打造并非一蹴而就，而是需要持续渐进的过程。组织能力建设如何与业务发展需求相匹配，是企业持续发展的最大瓶颈。如何构建和提升企业的组织能力，进而不断提高管理效能，是所有追求卓越的企业必须面对的课题。一位杰出的企业家，不仅应是战略家，更应是组织高手。

杨国安教授在《组织能力的杨三角》一书中提出了组织成功的方程式："企业持续成功=战略×组织能力。"基于"杨三角"理论，我们可以知道构建组织能力最关键的三个维度是：员工能力、员工思维和员工治理，如图3-1所示。

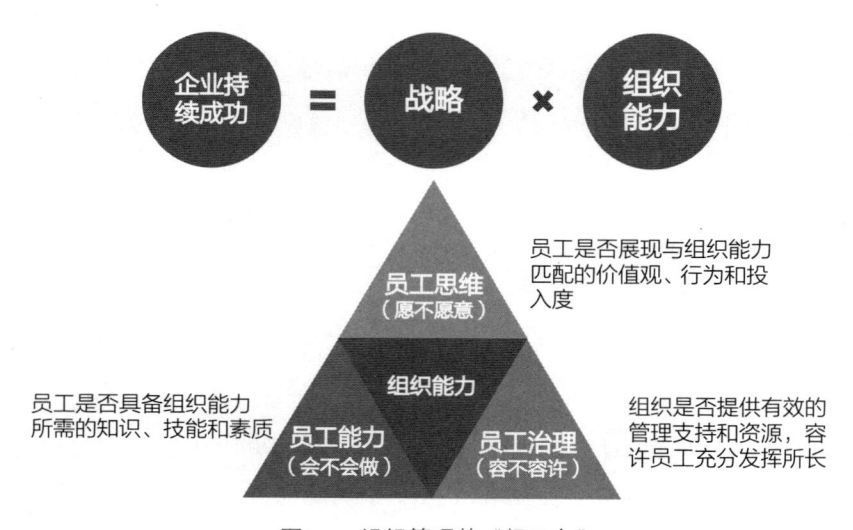

图3-1 组织管理的"杨三角"

戴维·尤里奇在《变革的HR》一书中对组织能力进行了明确的定义并提出了组织能力的14个衡量指标（见表3-1）："组织能力代表了一个组织因何为人所知、擅长做什么，以及如何建构行为模式以提供价值。组织能力定义了投资者关注的很多无形资产，定义了客户关注的公司品牌，也定义了塑造员工行为的企业文化。"

表3-1 组织能力的14个衡量指标

指标	说明
人才	吸引、激励和保留有胜任力且对组织有认同感的员工
速度	让重要的变革快速启动；快速识别并进入新的市场，快速开发和交付新的产品和服务等
共同的思维模式	保持组织在客户和员工心目中的积极形象
问责制	制定有助于催生高绩效的规则
协同	协同团队开展工作，确保效率并提升成果产出
学习	产生有影响力的创意，并在组织内进行推广
领导力	在整个组织范围内培养"领导者"，使他们能够以正确的方式交付正确的结果
客户联结	与目标客户建立持久的信任关系
创新	实施创新，无论是在内容上还是在流程上
战略一致性	表述和推广战略观点
精简化	保持战略、流程和产品的简单
社会责任	为社区或者更广泛的公众利益做出贡献
风险管理	预测风险，管理风险
效率	有效管理运营成本

综上所述，我把组织能力建设概括为五个维度：一是文化维度，包括使命、愿景与价值观；二是组织结构维度，涉及组织架构与协同关系；三是绩效管理维度，关注目标分解与目标管理；四是组织激励维度，聚焦于人的能力与意愿的激发；五是流程执行维度，强调流程与制度的完善与执行。对于企业而言，构建组织能力最根本的原则应是以客户为导向，将客户需求和客户价值置于核心地位。

要打造具有强大生命力的组织，以上五个维度中有三个维度是组织的基石，它们分别为组织结构维度、绩效管理维度，以及组织激励维度。

第二节
组织决胜未来

管理学的百年发展史，就是一部组织结构的百年进化史。

组织结构的选择要考虑四大因素：是否有效支撑战略的持续增长、是否有效应对外部环境的持续变化、是否能实现核心竞争力的突破、是否能最大限度地持续提升组织的效能。

常见的组织结构有三种：直线职能制、事业部制与矩阵制。

直线职能制是组织结构的基点与支点，几乎所有的企业都是从它开始起步并依此构建整个组织体系的。事业部制则适合处于成长期与扩张期的企业，当企业从单一业务转向多元化业务，需要在规模与灵活之间实现平衡时，就可以依靠事业部的分权结构体系实现从"经营业务"到"经营事业单元"的重大转变，保持规模组织下的灵活机动。矩阵制组织可谓是创新型组织的法宝，它在传统的纵向管理体系中，创造性地建立了横向的协同系统。这种基于客户价值的横向流程型组织体系，有效地解决了大企业病问题，保持了大企业的规模、小企业的管理模式。不过其弊端是，运行的复杂性及多头领导容易造成组织混乱。

除了以上三种组织结构，还有小组制、中台制、平台制、流程型组织等，未来可能还有网络型组织和虚拟生态型组织等。这些组织结构都由以上三种主要组织结构演化而来。

直线职能制

工业革命带来大规模工业化生产，而真正实现大规模工业化生产的是福特公司。福特公司采用直线职能制组织结构，对其首创的流水线大规模生产体系进行高效管理。管理给效率插上了翅膀，组织结构的改变带来了生产效率的提升，生产效率的提升带来了革命性的生产力提升。福特公司是第一家把汽车生产成家家户户都能用得起的产品的企业。它大大提升了大型工业品服务人类的可能性，大规模地促进了工业革命服务人类的进程。在福特公司生产的T型车满大街跑的时候，也宣告了直线职能制组织结构带来极大成本优势的管理成功。至此，老福特带领福特公司走向了大规模工业化生产的辉煌。

然而，当一家企业要生产多种类型产品或同一产品的多种型号的时候，直线职能制组织就受到了极大的挑战。小福特接班时，福特公司已经陷入了困境。以通用汽车为代表的款式多样、选择多样的汽车冲击了福特公司的汽车市场。福特公司的没落带来了巨大的市场冲击，虽然老福特与小福特也做过激烈的斗争，但在老福特在世时福特公司的组织变革也没有成功。在老福特去世后，小福特果断转变组织结构，采用事业部制并选用"蓝血十杰"，福特公司重回市场的巅峰。

事业部制

20世纪20年代初期，通用汽车通过合并收购了许多小企业，企业规模迅速扩大，产品种类和经营项目也大幅增加。然而，其内部管理却变得异常复杂，难以协调。为了解决这个问题，通用汽车常务副总经理斯隆参考了杜邦化学的经验，提出了事业部制组织结构的概念。1924年，他成功地将原有组织改组为事业部制组织结构，这使得通用汽车的整顿和发展取得了巨大的成功。因此，事业部制组织结构也被称为"斯隆模型"。

事业部制在组织结构上实现了高度分权，每个事业部都有独立的决策权和经营权，可以根据市场需求快速调整经营策略，从而提高了企业的竞争力和灵活性。

事业部制是为满足企业规模扩大和多样化经营对组织机构的要求而产生的一种组织结构。在总公司领导下，事业部制将分权管理与独立核算相结合，按照产品、地区或市场划分经营单位，使每个事业部都拥有自己的产品和特定市场，从而能够完成从生产到销售的全部职能。虽然事业部不是独立的法人企业，但它们具有较大的经营权限，实行独立核算、自负盈亏，是一个利润中心。从经营角度来看，事业部与一般的公司并无太大差异。事业部制不仅有助于组织更好地适应市场需求，还能提高组织的灵活性和效率。每个事业部都能根据市场需求迅速调整战略，从而抓住商机。此外，事业部制还能激发员工的创造力和责任感，为组织的持续发展注入活力。

20世纪60年代以来，随着大企业普遍向多元化经营发展，事业部制组织结构被广泛运用。据鲁梅尔特对美国《财富》杂志评出的美国500家大企业组织结构的调查，从1949年至1976年，采用事业部制组织结构的企业所占比例从20%增加到了60%；到了20世纪90年代，事业部制组织结构占比高达70%。20世纪60年代中期，日本大企业采用事业部制组织结构的比例占35%，其中，一般机械、电机、造纸等行业的大企业采用事业部制组织结构的比例高达50%。到了21世纪，日本企业采用事业部制组织结构的占比高达75%，可以说，事业部制是现代企业成长和规模不断扩大的产物，也是当代大型企业组织结构的主要形式之一。

美的是中国国内采用事业部制组织结构最成功的企业之一，从1997年引入事业部制至今，美的的营收从28亿元人民币上升到了3457亿元人民币，增加了100多倍。1997年，为了统一思想，美的创始人何享健坚定地说："美的只有搞事业部制才有出路，事业部制是美的必须走的一条道路。"2008年，何享健再次强调，如果没有事业部制，美的就没有今天良好的发展局面。

矩阵制

矩阵制组织结构的发展史可谓波折重重，复杂多变。这种组织结构宛如一把双刃剑，既具备令人瞩目的灵活性，有助于大幅提升效率，又伴随着兵不识将、将不识兵的混乱性。

20世纪五六十年代的美苏太空竞赛，特别是1961年苏联宇航员加加林完成的人类首次太空行走，无疑激发了美国航空航天业的迅猛发展。国家资本与私人资本纷纷涌入，大型航天项目层出不穷。

随着阿波罗计划、航天飞机等项目的推进，美国航空航天业的人员规模逐渐扩大，项目管理日益复杂。传统的科层式组织结构已难以应对这种局面，于是，一种新颖的"矩阵实验"组织管理形式开始在美国航空航天局（National Aeronautics and Space Administration，NASA）崭露头角。1967年，小麦卡锡在其著作《管理更大更复杂项目的一种方法》中首次提及矩阵制组织，这种组织通过在垂直组织单元中横向设立基于项目的业务单元，形成独特的矩阵网络组织结构。

20世纪90年代，流程再造逐渐成为潮流。流程再造领域的领军人物迈克尔·哈默凭借其畅销书《企业再造》赢得了众多企业的青睐。据说，在2004年，美国近四分之三的大型企业都启动了流程再造工程。这种严格的流程型组织设计强调"以客户为中心"和"流程精益"两大理念，通过横向集成和组织授权，以端到端业务线为牵引，实现高效和可持续的业绩增长。从本质上讲，这也是一种矩阵制组织结构，但与传统矩阵制组织结构的差异在于，其横向组织的地位上升，纵向部门则相对式微，因此被称为2.0版矩阵制组织结构。从1.0版到2.0版，虽然交叉资源分配和矩阵支持的核心原则保持不变，但在结构的主次关系上却存在显著差异。无论是哪种版本，虽都有其独特的优势，但也难免存在不可避免的弊端。

ABB的CEO巴涅维克被誉为欧洲的杰克·韦尔奇。他在ABB率先引入了复杂的矩阵制组织结构，实现了"集中条件下的分权"。公司由执行委员会领导，组织按商业领域、公司及利润中心、国家机构等层次划分，旨在同时享受大型组织的规模优势和小型组织的灵活性。

IBM的组织结构曾一度被视为官僚主义的代名词，即组织人数众多，机构庞大而僵化。即便是CEO郭士纳也不得不承认这一点。所以，他上台后的首要任务便是重塑组织结构，将IBM转变为矩阵制组织结构，使组织焕发出新的活力。

华为的组织结构也深受IBM影响，采用了基于流程再造的2.0版矩阵制组织。通过集团总部强大的以客户为中心的文化与全自动化的流程管理体系，华为将矩阵制组织的灵活性发挥得淋漓尽致，同时通过各大委员会的管理最大限度地规避了多头管理可能带来的混乱。

比亚迪的组织结构

比亚迪现有员工超过60万人，组织结构如图3-2所示。

60万名员工被整合在三大平台内，分别为职能平台、研发与设计平台、业务与销售平台，每个平台又包括六个单元，结构十分精简。

职能平台包括人力资源处、财经处、采购处、品牌与公关部、审计处、后勤处与法务处，属于集团层的管理部门，统一管理全集团。其中人力资源、财经、采购三大处，在各事业群、事业部内设有服务部门，实行集团与事业群、事业部的双重管理。

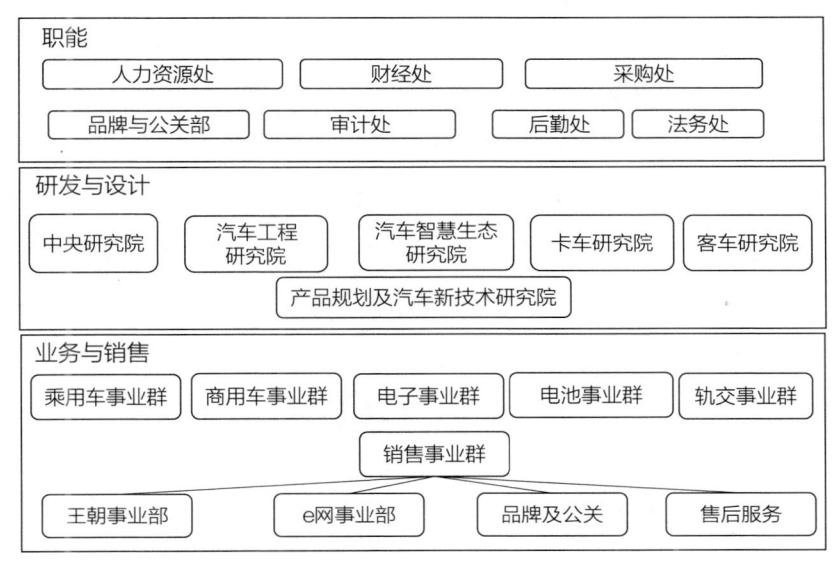

```
┌─────────────────────────────────────────────────────────────┐
│ 职能                                                         │
│   ┌─────────────┐  ┌─────────┐  ┌─────────┐                 │
│   │ 人力资源处   │  │ 财经处  │  │ 采购处  │                 │
│   └─────────────┘  └─────────┘  └─────────┘                 │
│   ┌─────────────┐  ┌─────────┐  ┌─────────┐ ┌─────────┐     │
│   │ 品牌与公关部 │  │ 审计处  │  │ 后勤处  │ │ 法务处  │     │
│   └─────────────┘  └─────────┘  └─────────┘ └─────────┘     │
├─────────────────────────────────────────────────────────────┤
│ 研发与设计                                                   │
│   ┌────────┐ ┌────────┐ ┌────────┐ ┌────────┐ ┌────────┐    │
│   │中央研究 │ │汽车工程 │ │汽车智慧生│ │卡车研究│ │客车研究│    │
│   │  院    │ │研究院  │ │态研究院 │ │  院   │ │  院   │    │
│   └────────┘ └────────┘ └────────┘ └────────┘ └────────┘    │
│              ┌──────────────────────────┐                    │
│              │产品规划及汽车新技术研究院 │                    │
│              └──────────────────────────┘                    │
├─────────────────────────────────────────────────────────────┤
│ 业务与销售                                                   │
│   ┌────────┐ ┌────────┐ ┌────────┐ ┌────────┐ ┌────────┐    │
│   │乘用车   │ │商用车   │ │电子事业│ │电池事业│ │轨交事业│    │
│   │事业群  │ │事业群  │ │  群   │ │  群   │ │  群   │    │
│   └────────┘ └────────┘ └────────┘ └────────┘ └────────┘    │
│                       ┌────────┐                             │
│                       │销售事业群│                            │
│                       └────────┘                             │
│   ┌────────┐ ┌────────┐ ┌────────┐ ┌────────┐               │
│   │王朝事业部│ │e网事业部│ │品牌及公关│ │售后服务│              │
│   └────────┘ └────────┘ └────────┘ └────────┘               │
└─────────────────────────────────────────────────────────────┘
```

图3-2 比亚迪的组织结构

研发与设计平台包括中央研究院、汽车工程研究院、汽车智慧生态研究院、卡车研究院、客车研究院、产品规划及汽车新技术研究院等六大研究院。中央研究院主要从事公共技术平台研发、新型材料研发、新产品设计、工业技术改进及产业孵化等工作。汽车工程研究院则专注于传统燃油动力和新能源动力两大领域的乘用车车型及平台的研发与设计。其他研究院也各有侧重，共同构成了比亚迪强大的研发与设计体系。

业务与销售平台采用"事业群+事业部"的形式，下设六大事业群，包括乘用车事业群、商用车事业群、电子事业群、电池事业群、轨交事业群、销售事业群。每个事业群下设若干个事业部，作为利润中心，分别从事不同方向的业务，涵盖了生产、研发、制造、设计、销售等多个职能。

比亚迪的组织结构体现了其简单、透明、高效的管理原则。组织层级简化，决策迅速，鼓励跨部门合作，信息流通迅速。优秀的人才被派往一线，现场管理严密，高管与普通员工互动紧密。

比亚迪的组织发展史显示了其从直线职能制到事业部制的演变过程。随着业务多元化和市场多样化的发展，比亚迪逐步建立了各种集生产及销售为一体、自负盈亏的事业部制。事业群制组织作为事业部制的一种演变，更能发挥垂直整合模式的优势，同时保持事业部的自主灵活性。

在管理上，王传福统领28个事业部总经理，形成了扁平化的组织结构，有利于"无复印式"的沟通，提升组织效率。事业部制提高了各业务单元的决策效率和执行力，使比亚迪能够快速适应市场和客户的变化，在业务扩张、推进垂直整合的过程中适应客户和市场的变化，始终与客户和市场需求的脉搏同频共振。事业部制是多元化业务体系下相对比较适合中国人特色的组织结构，也是当下在中国最常用的组织体系之一。

比亚迪事业部制的特点

首先，每个事业部均呈现研产销一体化的完整组织架构，拥有独特的产品线与市场定位，始终以客户需求为导向，灵活适应市场变化并迅速做出反应。这种组织结构不仅赋予了事业部高度的经营自主权，更使其具备卓越的适应性和灵活性。事业部作为经营性组织，专注于某一细分品类产品或特定客户群体的深度经营，并对经营成果、盈利能力、市场占有率及客户满意度等关键指标承担明确责任。因此，事业部的工作重心在于经营客户与培养人才，即对外以优质的产品服务客户，对内以精心的培养提升员工素质。各事业部间的良性竞争有助于激发企业活力，推动整体业务的全面发展，正如王传福所言："竞争是市场经济的精髓，只有在竞争中不断创新，才能在市场中立于不败之地。"

其次，权力下放使得高层领导能够摆脱烦琐的日常行政事务，专注于战略决策与宏观管理，而各事业部则能够充分发挥其经营管理的积极性和创造性，共同提升企业整体效益。事业部的自主经营与明确责任使得目标管理和自我控制更为有效，进而扩大了高层领导的管理幅度。王传福作为比亚迪的决策核心，仅需向事业部负责人传达明确的战略意图，而具体的资源调配与业务执行则由事业部负责人负责，从而大大提高了企业的执行效率。

再次，事业部总经理虽然管理的规模相对较小，但由于事业部具备独立完整的经营体系，总经理能够经受住企业高层管理者所面临的各种挑战。这种经历有利于培养全面型管理人才，为企业未来发展储备优秀干部。在比亚迪，许多高级管理人员都是从事业部总经理岗位上成长起来的，这一点尤为突出。

此外，各事业部均实行高度流程化与标准化的管理，确保组织结构的一致性与稳定性，有利于人员的流动与统一管理。作为利润中心，事业部不仅便于建立考核标准，还能清晰衡量每种产品对集团总利润的贡献，为战略决策提供有力支持。按产品划分事业部更有利于组织专业化生产，形成规模效应，提高劳动生产率与企业经济效益。在比亚迪，各事业部既保持相对独立与自主，又紧密围绕集团整体业务进行协同与内部结算，有效促进了垂直整合模式的发展与成熟。

最后，集团与事业部在定位上各有侧重，两者关系灵活多样，可根据实际情况选择强管控、部分权力下放或弱管控等模式。集团主要负责战略协同、前瞻与公共技术平台打造、文化建设、财务管理、人力资源配置等工作，同时协调各事业部之间的横向关系；而事业部则专注于产品与市场的深度经营，实现战略落地与业务目标。通过明确界定责权边界，并采用科学的人才任免机制，确保集团与事业部在保持活力的同时实现有效管控。比亚迪用"12345"分权原则来定位集团与事业部的关系，通过清晰的组织分工定位及分层分级管理，既发挥了事业部的经营积极性，又能实现有效的结果管理和过程赋能。此外，其还通过清晰的组织分工与分层管理，既激发了事业部的经营积极性，又确保了整体业务的稳健发展。

综上所述，事业部制作为一种先进的组织结构形式，在多元化经营的企业中发挥着重要作用。它实现了经理人事业合伙化、责权利能匹配、自主经营独立核算、研产销一体化等多项优势的结合，为企业创造了巨大的竞争优势。同时，通过合理的权力配置与人才管理，事业部制还能够促进企业的持续发展与创新，为企业的未来奠定坚实基础。

第三节
二元性组织系统

组织的二元性

克里斯坦森是价值网（第二曲线）的提出者。他认为，良好的管理正是导致那些以管理卓越著称的企业未能保持其行业领先地位的最主要原因。因此，以管理卓越著称的企业，它们往往将主要的资源和精力投入到连续性创新中，而忽略或轻视非连续性创新及其带来的影响。因为它们分别属于不同的价值网。不同的价值网造成的思维遮蔽效应成了连续性创新（第一曲线）与非连续性创新（第二曲线）间巨大的鸿沟。

通俗地说，连续性创新就是那些会推动产品性能改善的新技术，它们根据产品主要市场的主流消费者的需求来提高成熟产品的性能。所有连续性创新的共同点在于，它们都是根据主要市场的主流消费者一直以来所看重的性能层面来提高成熟产品的性能。所以，连续性创新技术很可能会导致领先企业的失败。

非连续性创新是给市场带来了截然不同的价值主张。例如，移动电话相对于固定电话而言就是非连续性创新，线上京东商城相对于原来的苏宁电器的商业模式也是非连续性创新。一般来说，刚开始时非连续性创新产品的性能要低于主流市场的成熟产品，但它们拥有一些边缘消费者（通常也是新消费者）所看中的其他特性。基于非连续性创新的产品通常拥有价格更低、性能更简单、体积更小，而且通常更方便消费者使用。尽管刚开始非连续性创新的性能可能低于市场用户的需求，但它们日后可能会发展成为同一市场上完全具备性能竞争力的技术。

柯达公司发明了数码技术却最终将其出售，最后被自己发明的技术打败而导致公司破产。诺基亚战胜了摩托罗拉成为功能机里的第一，但是诺基亚由于固守在自己的价值网中而错过了更换新价值网的机会，最后又以72亿美元卖给了微软。诺基亚和苹果之间的竞争，其实是电信网和互联网之间的一种竞争，是两种价值网的竞争。

企业创始人最容易陷入合理性遮蔽盲区。任何一个组织，随着时间的推移，一定会变得涣散化、官僚化、失效化，并最终走向消亡。这就是华为经常提到的"熵增原理"。创新者深陷窘境却浑然不知，这几乎是大多数大企业做大以后的宿命。固守在连续性创新的第一曲线难以跨越到第二曲线。克里斯坦森称之为创新者的窘境。

连续性创新带来运营型业务，运营型业务需要的是运营型组织能力。运营型组织能力的突出特性就是成本至上、流程至上、KPI至上、销售数字至上这四个至上原则。恰恰是这种组织能力最大限度地阻碍了非连续性创新的诞生。

在克里斯坦森看来，在成熟企业中，预期回报反过来推动资源流向连续性创新，而不是非连续性创新，这种资源分配模式解释了领先企业在非连续性创新中表现不佳的原因。鉴于此，克里斯坦森认为原有组织的流程和价值观往往阻碍非连续性创新的发展壮大，同一个组织中不能同时存在适合连续性创新与非连续创新发生的土壤。

在同一个组织中是否可以同时存在运营型组织与创新型组织？基于中西方文化的差异，我有不同的看法。我个人认为在中国，同时具有运营型组织与创新型组织的组织是存在的，如比亚迪与腾讯。这种在一个公司内部为了完成不同任务，同时允许存在的两种不同文化和不同管理模式的组织特性，我称之为二元性组织。

二元性组织意味着在一个组织内部存在两套并行的系统：一套系统着眼于成本和质量，主要针对成熟市场（即克里斯坦森所说的连续性创新，称为运营型业务）；另一套系统则围绕颠覆式创新和适应力，主要针对新兴市场（即克里斯坦森所说的非连续性创新，称为探索型业务）。从组织的长远发展来看，组织必须以定义机遇为起点，继而形成全新的战略，并结合战略和现实业绩的缺口，寻找另一元的方向。对于那些现实业绩已经非常不错的组织，必须在旧业务走到失速点之前，管理者主动地催化创新，积极探索新业务，开启第二曲线。

二元性组织都是在自己有优势的时候就开始做出改变的。二元性组织既要对现有经营模式有运营型能力，同时还要有探索型能力，可以探索新的空间。一个伟大的组织，运营型能力和探索型能力两者都要兼备。既要持续经营好现有的业务领域，又要在现有业务走到失速点前主动去探索新的业务领域，适时开启第二曲线。

一味地坚持防守策略，终将导向失败的深渊。因为在这种策略下，组织往往会过分追求短期利益的最大化，而忽视长远的规划与布局。长此以往，组织内部的文化将逐渐变得僵化，对新兴科技的进步视而不见，导致短期与长期目标严重失衡。更为严重的是，这种策略会严重限制组织的多样性和创新活力，使组织丧失应对未来挑战的能力，最终注定走向衰亡。

因此，要想在竞争激烈的市场中长久地立于不败之地，关键在于组织必须拥有强大的创新能力和多元化的思维。只有这样，才能在坚守现有成功模式的同时，不断探索并尝试新的模式，从而在变革的浪潮中持续保持竞争优势，实现可持续的发展。

组织的二元性在于将运营型组织与探索型组织分开。一边的组织专注于探索，另一边则专注于运营，董事会统管全局。可能探索型组织中大多数项目都会失败，但若少数成功，必能推动组织波浪式前进。组织内部必须提倡创新，要以快于竞争对手的速度创新探索。有些组织虽多次失败，但能从中吸取教训，降低成本，创新速度超越对手，最终必然走向成功。有哪个伟大的组织没有失败过呢？没有失败过的组织注定平庸。

若只专注于现有市场，则无未来可言。当今世界科技日新月异，成功企业常因既有成功而自缚。它们聪明却故步自封，成功成了束缚。因此，当下企业所需能力与未来所需截然不同。伟大的组织需兼具两者，故二元性组织才是最具生命力的。

二元性组织既包容不一致的竞争优势、结构和文化，又拥有统一的使命，确保当前的同时能在未来脱颖而出。当管理团队决定推行产品或管理变革时，需同时推行组织的二元性转化。管理者需平衡稳定与变革，既要关注渐进变化，也要关注革命性变化。技术与产品的周期及非连续创新要求管理者在业务演进中周期性打破原有统一性。在不平衡中追求平衡，在平衡中打破平衡，此乃组织二元性的辩证法。

与组织二元性相对的理念是业务剥离，克里斯坦森主张业务剥离。我则认为，当探索型业务失去杠杆效应时，方可剥离；若仍有可利用技术或客户，则应保留在组织内，并直接向组织负责。这要求董事会熟悉组织的二元性规律，无私心地着眼未来。高管需对左右两边的人提出不同要求：左边追求稳定，避免犯错；右边鼓励尝试，尽早犯错。

腾讯微信之所以能成功超越小米米聊，正是组织二元性的杠杆效应的体现。小米的米聊比腾讯的微信更早启动，腾讯发现危机后迅速在公司成立了多个微信研发小组，包括深圳腾讯总部的两个以上团队以及广州张小龙领导的团队。最终深圳QQ业务团队没有把微信推向成功。而广州的张小龙团队在获得第一阶段成功后，腾讯集团总部马上把QQ的海量用户资源导入微信，微信最终在移动互联网的大战中胜出，获得了移动互联网的第一张门票。马化腾曾说，如果微信是被其他公司先做成功的话，对腾讯将是灭顶之灾。

运营型组织常抑制探索型组织，因此企业需在组织结构上进行分离，且要采用不同的绩效管理方法和激励方法。高管团队既要保持清醒的头脑，认识到组织内部存在的不连续性和变革需求，灵活调整战略方向；又要拥有统一的使命，以凝聚不同业务。面对大规模对峙时，高管必须灵活应对，既要保护现有优势，又要培育新生事物。

在运营型阶段，组织宜进行渐进式变革；在探索型阶段，则可进行革命性变革。建立不统一的组织体系，以平衡现在与未来，高管需掌控此冲突，把握探索性实验的时机，保持不连续性。

在中国的优秀企业中，二元性组织普遍存在。例如，华为既有强大的基础研究与颠覆式创新部门，也有稳健的运营型组织；腾讯的QQ体系属运营型，微信体系则属创新型；比亚迪亦如此，中央研究院为创新部门，事业部的研发工程生产部门则为运营型组织。两种组织能够并存，关键在于要采用适合的组织结构、目标管理体系、激励体系和文化体系来匹配。

二元性组织的绩效管理

绩效管理是组织管理中的世纪性难题。每家企业都在做绩效管理，却没有几家做得好。我一直都在探索绩效管理的第一性原理。直至我发现了组织的二元性规律后，绩效管理的第一性原理才逐渐被拨开云雾见日升。

2007年1月，索尼前常务董事发表了一篇文章，标题为《绩效主义毁了索尼》。文章深入剖析了绩效管理如何使索尼一步步丧失创新和自主热情，一步步滑向衰败的深渊。这篇文章字字珠玑，揭示了绩效管理的诸多弊端，可以视为对不理解组织二元性特征而盲目推行绩效管理所发出的警示。文章在这里我不做转载，有兴趣的读者可以上网查阅。

索尼原本是一家极具创新力的公司，乔布斯当年还曾受到索尼创意的启发。然而，当一个创新型组织采取了运营型组织的绩效管理模式时，灾难便降临了。文章主要写了几个核心的问题，一是"激情集团"的消失，二是"挑战精神"的丧失，三是团队精神的消失，四是创新先锋沦为落伍者。文章明确指出了造成上述问题的核心原因是绩效管理有几个不足。

首先，目标和结果之间存在直接的绑定关系。一旦目标被设定，对完成率的考核便随之而来。因此，许多人倾向于提出容易实现的低目标，导致挑战精神逐渐丧失。

其次，追求短期收益而忽视长期投入。考核的周期往往以一年为单位，对于那些在考核周期内难以看到效益的工作，如短期内没有收益的研发项目，往往受到轻视。

再次，在上下级关系中过分强调指标，单纯的考核和被考核关系导致了不健康的公司氛围。在这种情况下，上司不再将下属视为有感情的人，而是以指标和评价的眼光来看待他们。

另外，部门之间因利益产生了隔阂。绩效考核被应用于部门的考核，并以此决定部门的薪酬。这导致各部门想方设法从公司的整体利益中为本部门谋取更多好处，往往会损害其他部门的利益。

最后，过分强调外在激励导致员工丧失了做事的内在激情。井深大的口头禅"工作的报酬是工作"，实际上强调的是内在动机的重要性。然而，绩效考核将一切都量化成指标，以及完成这些指标后的薪酬回报，从而将内在动机转化为外在动机。对于持有外在动机的人来说，工作只是达成外在回报的一种手段，从而丧失了内在激情。

物理学认为，一切物体的运动都是动力引起的。组织管理也一样。不同组织的不同需求与动机，是绩效管理要搞清楚的首要问题。在二元性组织管理中，不同的人群动机决定了不同的组织形态，也决定了要采用不同的绩效管理模式。

人的动机状态，大致可以分为三种类型：动机匮乏、外在动机和内在动机。动机匮乏是指一个人在做任何事情时都提不起兴趣，觉得对任何事情都缺乏掌控感，感到无能为力，有一种无助感。外在动机是指人做事的主要出发点是为了达成某个外在的目的。内在动机则指个体认为工作很有趣并沉浸其中，工作本身就是对做这项工作的最好激励。

1981年，诺贝尔物理学奖获得者阿瑟·伦纳德·肖洛在谈到高创造力的科学家和低创造力的科学家之间最重要的区别时说道："在爱好上努力是最重要的因素。"许多成功的科学家并没有最好的天赋，但他们却是那些始终被好奇心驱使的人，他们总是设法想知道答案是什么。肖洛对科学创造力的观点，强调了内在动机的重要性：对于创造性工作，真正激励工作的，是因为工作本身很有趣，包括令人兴奋、令人满意和充满挑战性。大量证据表明，当人们受到内在激励，而不是外在激励（如期望的评估、监督、与同事竞争、受上级命令或承诺的奖赏）时，他们最富有创造力。

关于内在动机的发现，心理学家爱德华·德西发现的德西效应有比较全面的论述。他将不由外部力量驱使，根植于人内心的三大基本需求，称为内在动机。他指出，人的这三大基本需求包括以下内容。

- 自主（Autonomy）：希望对自己所做的事有选择自由，而非被迫。
- 胜任（Competence）：希望自己能掌控环境，胜任工作。
- 关系（Relatedness）：希望归属于某一群体，这是人的社会属性的体现。

这三大基本需求构成了内在动机的核心要素，驱动着人不停地探索未知世界，展现出无穷的创造性。

为了更好地理解内在动机，先来看看外在动机的作用。外在动机是指以获取如金钱、奖品、食物等物质类激励作为行动目标的动机。例如，每天搬1000块砖，如果是为了获得100元酬劳，那么这100元钱就是外在动机。

当目标非常明确时，外在动机可以很好地发挥作用，它能非常精准地激发员工为之而努力。所谓重赏之下，必有勇夫，就是这个道理。但是，外在动机在针对创造性工作时，就显得特别无能为力。

大多数领导者普遍认为，持续不断地进行外部刺激是激发员工潜能的最佳策略，他们将此形象地称作"胡萝卜加大棒"的管理方式。然而，当下世界各地社会科学家的研究成果却与这些领导者的看法截然相反。在当前的时代背景下，创新型组织迫切需要将自身的驱动力系统升级至符合21世纪需求的新模式。这一新模式的激励核心不再是传统的"胡萝卜加大棒"，而是更加注重员工的自主性、胜任感及良好的人际关系。

组织和电脑一样，同样具有操作系统，它是一系列几乎看不见的指令和协议，所有事情都在其上运行。运营型组织的操作系统，称为驱动力1.0，它几乎都与生存有关，其驱动力主要围绕外部奖励和惩罚构建。但在创新型组织里，如何配置行为、如何理解行为和如何做出行为这三个方面与驱动力1.0中的是截然不同的。驱动力1.0急需升级。创新型组织的驱动，需要从外在动机驱动转向内在动机驱动，即靠自主性、胜任感及良好的人际关系来驱动。这就是驱动力2.0。

内在动机的驱动具备一系列显著的特点。

首先，它犹如一把钥匙，能够有效解锁个体的创造力，使那些由内在动机驱使的人展现出比外在动机驱动者更为卓越的创造性。事实上，过度的外在激励反而可能削弱人们的内在动机。

其次，内在动机如同一块磁铁，吸引个体更深入地探索事物的本质。心理学家曾设计了一个巧妙的实验，两组学生在同等条件下学习并复述文章。其中一组因每复述一篇获得金钱奖励，结果显示，尽管他们记忆的内容更多，但对文章深层含义的理解却远远不如未获得金钱奖励的学生。这足以证明，外在激励或许能提升机械记忆的效果，却无形中削弱了人们对事物本质的追求。

再次，内在动机是个体恒心和毅力的源泉。那些基于内在动机工作的员工，往往能在工作中展现出更持久的坚持和毅力。相比之下，那些仅受外在激励驱动的员工，一旦激励消失，他们的工作热情便会迅速减退。

此外，内在动机还能点燃个体的挑战精神。研究表明，当工作成为员工的自主选择时，他们不仅对工作表现出更强的承诺意识，而且更愿意接受挑战性任务来挑战自我。心理学家的一项实验也验证了这一点，面对不同难度的任务，得到金钱激励的学生更倾向于选择容易的任务，而未获得金钱激励的学生则更敢于挑战自我，选择超出他们当前能力的任务。

最后，内在动机还能为个体带来更深层次的幸福感。根据理查德·舒尔茨的研究，处于内在动机状态的人，不仅患病概率更低，死亡率也相对较低。综合来看，内在动机让人们能够跟随自己的兴趣，自主选择，并在挑战中体验乐趣。因此，从长远来看，他们往往更具创造性，更有毅力，能够取得更大的成就，同时身心也更加健康。

有效激励

在二元性组织中，运营型组织的形态通常具有明确的目标设定，并且可以通过外在动机进行有效激励。在此类组织中，使用传统的绩效管理方法如关键绩效指标（KPI）是较为适合的。然而，在创新型组织中，对人才的要求会更高，需要选拔和评估具备强大创新能力的个体。创新型人才的典型特征是，其主要驱动力源自内在动机，外在动机的激励不仅无法激发他们的积极性，反而可能会严重破坏其创造力和创新精神。正如经典名言所说："千里马常有，而伯乐不常有。"要让创新型的千里马在适合的环境中得以施展才华，必须采用创新型的激励方式，即内在动机激励的方法。如果将千里马置于运营型组织中，并使用传统的管控型管理方法，其潜力将可能被埋没。因此，在创新型组织中，必须采用不同于传统的KPI绩效管理方法，而是采用目标关键结果（Objectives and Key Results，OKR）的管理方式来管理目标。

理解组织的二元性规律以及更深层次的目标对象的不同动机需求，由此产生不同的目标管理方法和激励方法至关重要。KPI并非过时，OKR也并非一用就灵。选择KPI还是OKR，关键取决于目标对象是否清晰、创新要求的高低，以及组织的具体形态是运营型还是创新型。这是决定绩效管理是否真正有效的核心原则。

把握住绩效管理的底层逻辑后，绩效管理的很多难题就找到根因。论述KPI与OKR的管理书籍汗牛充栋，我在此不全面展开，仅将OKR做一个简单介绍。

OKR的创立者是英特尔前首席执行官安迪·格鲁夫，在他的书《格鲁夫给经理人的第一课》中，他这样解释自己为何成功创造出了OKR：我要去哪里？答案就是目标（Objective）；我如何知道能否达到那里？答案就是关键结果（Key Results）。

约翰·杜尔是谷歌早期投资者和现在的董事局成员。在加入英特尔时，正是英特尔从存储器转为微处理器之际，他参与了格鲁夫创立的OKR设置，目睹了OKR如何帮助英特尔管理层和员工设立工作优先级，最后成功完成业务战略转型。

OKR首先在英特尔得到大规模的运用，成功地指引英特尔探索出从储存器向微处理器的转变之路。OKR在1999年被引入谷歌，当时谷歌刚创办一年，在业务方向、市场方向、利润突破点都不明确的情况下，其抱着不妨一试的心态导入OKR工作法进行全方位的业务探索。

谷歌是纯粹在创业型、创新型的一元组织下应用OKR的，英特尔是在二元性组织条件下应用OKR的，两者的根本目的都是进行业务方向探索。

OKR与KPI最大和最根本的区别在于，其目标管理的底层逻辑是不同的。OKR是一种基于内在动机的激励方式，而KPI是一种基于外在动机的绩效考核工具。OKR的"关键"和KPI的"关键"其实说的不是一个意思，KPI是要求将重要的指标用具体的数据确定下来，OKR是要求将一定时间内最优先的要求明确出来，将完成目标最重要的瓶颈选择出来，由此而进行更多未知的探索。OKR与KPI的区别如表3-2所示。

表3-2 OKR与KPI的区别

区别点	OKR	KPI
动机	内在动机	外在动机
管理思维	自我管理	控制管理
目标形式	过程+结果	结果
目标来源	聚焦优势和关键	结果的全面衡量
目标调整	动态调整、不断迭代	相对稳定
制定方法	上下结合，360度对齐	自上而下
目标呈现	公开透明，包括目标、进度和结果	保密，仅责任者与上级
过程管理	持续跟踪	考核时关注
结果	富有挑战性，容忍失败	尽量要求100%完成
应用	评分不直接关联考核与薪酬	直接关联考核与薪酬

综上所述，二元性组织在目标管理方面应有所区分：运营型组织应倾向于运用KPI作为管理手段，而创新型组织则更适合采用OKR。运营型组织的核心特质在于其确定性和可预测性，因此，按照既定流程和目标进行分解，确保工作的高效完成至关重要。当然，运营型组织中也不乏创新元素，但这并非大多数员工的主要职责，他们更侧重于高效、精准地完成各自被分配的任务。相对而言，对于创新型组织而言，探索过程中遭遇失败的概率往往远高于成功，因此，为了激发员工的探索精神和创新热情，组织必须加大对创新探索的奖励力度，并展现出对失败的高度容忍度。

比亚迪的二元性组织管理实践

比亚迪并未将探索型业务从集团架构中剥离，而是根据组织二元性的独特特点，构建了各具特色的平台，并实施了差异化的管理方式。从组织结构的视角审视，比亚迪的创新型业务主要由研发与设计平台扛起重任，该平台的管理风格和业务与销售平台形成鲜明对比。研发与设计平台不仅囊括了五大汽车研究院，更设立了中央研究院，专注于基础研究与公共平台研究，肩负起各类创新研究任务的重任。

研发与设计平台独立于业务与销售平台之外，专注于开拓和探索创新型业务。在办公环境、组织文化、管理模式、考核体系及激励机制等方面，该平台均展现出与业务与销售平台的事业群事业部截然不同的特色。该平台采用灵活的项目小组制管理，人员配置灵活多变，不受固定编制的束缚。随着产品的逐步开发与成熟，原本的研发小组逐渐成长为能够独立运营、自负盈亏的事业部，形成一个个充满活力的经营单元。

与此同时，业务与销售平台及各事业群事业部则承载着为比亚迪提供稳定业务与现金流的重任。它们凭借强大的市场拓展能力和产品销售实力，为集团创造了稳定的收入来源，为技术创新提供了坚实的物质基础。在确保业务与销售平台能够创造足够的收入以"孵化"技术创新、获取价值链上游新机遇的同时，比亚迪实现了动态平衡，既保持了组织的稳定性与确定性，又激发了组织的创新活力。

这种二元性组织管理方式既避免了组织的僵化和固化，又保持了组织的韧性与适应性。两种组织规模所带来的规模效应与协同性得以充分融合，共同推动了比亚迪的连续性创新与非连续性创新，使组织始终保持旺盛的活力与竞争力。

比亚迪始终将研发与设计平台视为创新型组织的摇篮，用于孵化和催化探索型业务。一旦技术创新取得突破性进展并具备市场潜力，便能迅速转化为事业部，启动新产品的工程量产和生产制造流程，迅速占领市场高地。这正是二元性组织所展现出的卓越整体协同效应。

比亚迪正是通过二元性组织的有效管理而实现跃迁和突破的典范：比亚迪2003年进入汽车领域，到2020年实现创新跃迁而将众多竞争对手甩在后面；在过往20多年的时间里，借助传统汽车的生产制造业务的"孵化"，比亚迪逐步在电池、电机、电控等技术上实现全面的创新突破，研发出很多突破性创新的产品；比亚迪旋即组织和集中生产制造领域的优势资源投入到新产品的生产制造中，以实现其最大的综合成本优势。

2021年5月，比亚迪第100万辆新能源汽车正式下线，自此以后，比亚迪更是加速狂奔。2022年11月，比亚迪第300万辆新能源汽车下线，从第100万辆到第300万辆，比亚迪只花了18个月时间；2023年9月，比亚迪第500万辆新能源汽车下线，从第300万辆到第500万辆新能源汽车下线，比亚迪只用了9个月。这一成绩单背后，是比亚迪长达20年、累计上千亿元的技术研发支撑。

在过去的20多年间，比亚迪始终保持着对创新的不懈追求。这段漫长的探索之路，见证了比亚迪如何在激烈的市场竞争中稳步前行。在运营型业务的管理上，比亚迪巧妙地运用了KPI体系，通过对各项KPI进行精准把控，确保了业务的高效运作和稳定发展。同时，对于探索型业务，则采用了OKR体系，或是与之逻辑相契合的其他目标管理方式，以更为灵活和开放的态度来推动创新实践。

第四章
十倍创新人才

第一节
创建学创型组织

人才是创新的第一要素。决定组织创新速度与质量的最核心因素是组织里的人才密度与人才结构。字节跳动是中国创新能力排行榜前三名的企业，其创始人张一鸣曾多次强调，企业创新要靠持续提升人才密度，要确保优秀人才的密度超过业务复杂度的增长。

人才密度：量变引起质变

"人才密度"一词始自网飞创始人的《不拘一格》一书。什么是人才密度？密度是物理学概念。通俗地讲，人才密度就是"优秀人才"和"可能成为优秀人才"之比。用公式表示就是：人才密度=优秀人才的人数÷可能成为优秀人才的人数。因为人才分布的特点，这个比值通常最低是0，最高是1。当人才密度接近0的时候，组织就会出现没有可用人才的现象，人才也无法流动，无法互相学习，组织内部一片死气沉沉。当人才密度越接近1的时候，组织的人才就越充盈，组织内部人才也会频繁轮岗或者互相交流，人才与人才之间的信息节点也会十分充分，组织内部有效信息流失率也会大幅降低。

人才密度在企业创新中的作用是什么？在书中，网飞介绍，他们的文化核心就是18个字："人才重于流程，创新高于效率，自由多于管控。"这句话的内涵很丰富，因为创造力需要自由，但自由又不能被滥用。所以网飞强调只招"成年人"，因为成年人意味着网飞要求所有员工都能对自己的行为负责。网飞文化落地有三个抓手：提高人才密度，引入坦诚文化，取消各种管控。在企业文化层面，一旦提高了人才密度，你就可以放心地提出坦诚的文化，然后，你才可以逐步取消管控员工的种种规则。放在这样一个完整而自洽的体系内，才能理解网飞那几个看似反常的原则。所以说，人才密度某种程度上是网飞企业文化落地的重要前提条件。足够多的人才总量，足够高的人才密度，是企业创新业务发展的必要条件。

持续提升人才密度，就能持续提升人才复用的可能，就能持续提升企业应变能力与转换赛道的能力，增加组织的弹性。例如在大城市，尤其是北上广深，其人才密度较其他城市都高，这些城市的创新能力也明显强过其他城市。创新能力越强就越能留住大产业，越有大产业就越有机会，越有机会就会集聚越多的人才。这就是很多年轻人愿意离开老家，涌入大城市打拼的根本原因。大城市因为高人才密度，所以产生了有弹性、有包容、有厚度的氛围。城市如此，企业亦如此。组织弹性决定着组织应变环境的能力，组织弹性越强，就越不容易被环境淘汰。

如何才能提升人才密度呢？

首先，应明确区分创新型组织与运营型组织。不同的组织对人才的标准不一样，尽量不要出现人才错配，要把正确的人放到正确的位置上。在创新型组织中，需要配置突破创新型人才，需着力营造一种自由开放的文化氛围，让员工能够自由交流思想、碰撞观点，从而推动组织整体水平的不断提升。而对于运营型组织，需要配置运营创新型人才，需构建完善的流程体系，通过优化流程来提高组织运营效率，同时鼓励员工在流程之外大胆创新，对于每一次小改进都给予充分的奖励。

其次，大量招聘创新型人才。创新型人才可以给组织带来突破性的思维模式和风格，可以使团队的整体思维实现跃迁。创新型人才的素质模型具体可见后面的十倍创新领导力五力模型。创新型人才是团队的鲇鱼，能激活创新的组织氛围。

再次，建立人才蓄水池，提升人才质量。人才蓄水池里面的人才，也是需要经过严格筛选的，进入人才蓄水池的人才必须是高潜人才，即有更大潜力成为优秀人才的人。高潜人才的标准为：文化认同度高加上五个好（plan good，计划好；do good，做得好；talk good，表达得好；look good，在与人的交流中给别人留下的好印象；think good，思考得好）。

最后，打造知识管理体系。通过知识萃取和沉淀形成企业的思维模型，存在于组织个体身上的隐性知识成为组织公共的显性知识，员工能够快速复制，使其能力能够得到高效补给。

多元人才结构

企业的人才结构决定着企业效率，从纵向上看，它涵盖的人才层次包括基层工人、工程师、研发人员、各级管理者、专业领军人物、战略领袖、思想领袖等；从横向上看，行业的优势企业往往是行业生态的构建者，这种生态自然而然会吸引并整合了横向相关领域的优秀人才，这种合作模式是多元多种的。

多元人才结构的管理具有以下特征。

首先，构建多轨多通道的职业生涯规划体系，这对于人才的全面成长至关重要。通过搭建人才多轨多通道体系，确保专业型人才、创新型人才与管理型人才能够在组织内部实现高效流通，有效规避单一官本位的职业路径限制，为组织注入源源不断的活力。缺乏多轨多通道体系，将导致人才管理制度体系衔接不畅，人才横向交流与纵向流动受阻，创新型人才的成长与交流问题难以解决等问题。在构建多轨多通道人才管理体系时，应着重构建发展通道、人才标准与运行机制这三大支点。要实现三者合力，需以通道建设为基础，通过明确的晋升通道框架来区分价值，奠定人才发展的坚实基础；以晋升标准为参照，通过科学评价活动，确定不同人才在体系中的位置，为人才发展设定向上的目标；以运行保障为结合点，通过灵活的用人机制，将人才精准配置在价值链的不同环节，实现动态管理，为人才发展提供有力支撑。

通道建设应从简单的"序列线"向更为宽广的"通道面"拓展，为创新型人才打造更为坚实的成长基础。在人才通道管理方面，应实现从传统的"职位管理"向"素质+能力"复合管理的转变。这要求企业从战略高度出发，基于"分层分类、差异化管理"的原则，逐步构建由管理序列、创新序列和技术发展序列组成的多维晋升通道。同时，通过构建流转机制，推动职业通道建设的深入发展，为人才提供多元化、高层次的职业发展路径，为创新人才的优胜劣汰奠定坚实基础，进而推动人才跨序列流动。

在关注通道建设的专业线与管理线两个维度的同时，企业还应更加注重人才的跨学科特性，以及解决复杂问题的创新性。传统的通道发展模式往往无法为创新型人才提供足够的创新空间与挑战机会。为激发创新人才的活力，需要结合企业的重大项目工作实际，增设专项发展序列，在保障企业精准匹配项目人才资源的同时，为创新型人才提供广阔的发展空间。

要形成职业通道的基本面，关键在于建立合理、规范的内部人才流动机制，打通纵向流动与横向流转的通道，确保三大序列之间的顺畅流通。通过构建这样的流动机制，企业能够为人才的灵活流转提供有力保障，促进人才的全面发展。在人才标准构建方面，鉴于科学研究的创新性特质，需要突出创新型人才晋升评价的创新性标准。同时，通过设置多元要素，准确评估创新人才在人才队伍中的生态位。晋升评价指标既要关注人才现有的价值、能力、贡献和影响力等多维要素，又要评估其在专业领域内的发展潜力及向更高生态位跃迁的可能性。这样，企业可以兼顾事和人两个维度，将"创新价值+创新能力+创新贡献"作为创新人才晋升评价的核心要素，并进一步完善衡量指标。

在纵向晋升提升方面，我们应充分考虑人才标准等级，将岗位或项目职责与人员胜任特征相结合，通过人才标准体系反映人才的层次和专业性，从而区分同一序列内的不同层级。同时，构建人才标准认证机制，通过评议和认证程序确定不同序列人员的等级，为人才的横向流转提供坚实基础。通过实现序列间的横向流转，我们可以促进管理提升、项目发展和技术发展三大序列的平衡发展。

其次，要充分发挥岗位轮换机制在人才动态管理中的重要作用。它不仅能够为优秀员工提供更多发展机会和挑战，还能促进组织内部的流动与更新，保持组织的活力和竞争力，推动组织的持续发展。同时，岗位轮换机制也为创新型人才队伍建设的平台期提供进一步发展的契机，成为动态管理的有效补充。此外，它还能作为企业文化的重要组成部分，增强企业文化的影响力和凝聚力。

最后，在数字经济时代，企业需要采用开放合作型的人才策略以适应多元化的特性。用户的文化、个性和需求都呈现出多元化趋势，而这些多元性在数字互联技术的推动下相互作用，产生了更加复杂多样的需求场景。为了快速满足并创造客户的多元化需求，单凭企业自有人才资源是远远不够的。因此，企业需要以"多元、共享"的人才策略为指引，广泛吸纳各界人才的创意、智慧和才干。在外部人才方面，应模糊组织边界，将业务边界内的人才纳入管理视野，与"不带工卡"的员工广泛合作，实现从"为我所有"到"为我所用"的转变。在内部人才方面，应打破专业界限，加强人才之间的跨界流动与合作，激发创新活力。这是数字经济时代产品、服务和解决方案越来越多元化的必然要求，因为在这个万物互联的时代，跨学科、跨边界、破圈融合已经成为不可逆转的趋势。最终，企业需要以开放的心态和跨界合作的姿态来应对这一挑战，突破组织边界和专业界限的限制,共同推动企业的发展。

创建学创型组织

彼得·圣吉在1990年出版了他的《第五项修炼——学习型组织的艺术与实践》一书。此书一出,反响强烈,并连续3年荣登全美最畅销书榜首,被《哈佛商业评论》评为过去20年来5本最有影响的管理书籍之一。此时,彼得·圣吉也被称为继彼得·德鲁克之后,最具影响力的管理大师。成为学习型组织成了一种时髦。

对于学习型组织,我持有不同的见解。在我看来,学习固然是组织不可或缺的一环,但创新才是其最核心的目标所在。学习的终极意义是为了推动创新。创新是组织得以持续生存与发展的唯一动力源泉。德鲁克曾精准地指出,创新就是创造客户价值的活动。因此,组织通过不断创新,实现客户价值的最大化,进而彰显组织自身的价值。因此,不难得出,创新无疑是组织最为关键和重要的目标。

正如费曼教授提出的费曼学习法的精髓就是"用输出倒逼输入"。以创新的输出倒逼学习的输入,才是最有效的学习方法。组织学习的目的一定是创造组织价值,一切没有创新输出的学习都是耍流氓。组织通过创新充满活力,为了创新而进行的一切学习才有最终的价值。

而学创型组织是指通过培养弥漫于整个组织的创新气氛、充分发挥员工的创造性思维能力而建立起来的一种有机的、高度柔性的、扁平的、符合人性的、能持续发展的组织。这正是高人才密度与多元人才结构的组织的理想状态,是学创型组织的实践目标,这种组织具有持续创新的能力,具有高于个人绩效总和的综合绩效的效应。

学创型组织不是对学习型组织的颠覆与反对,而是对学习型组织的继承与发展。学习与创新是一对孪生兄弟。学习的目的是创新,创新的材料来自学习。没有学习无法创新，没有创新学习毫无意义。学创型组织是对学习型组织的进一步发展。让创新成为学习的动力与目标。学习型组织与学创型组织的比较如表4-1所示。

表4-1 学习型组织与学创型组织的比较

模块	学习型组织	学创型组织
组织目的性	培养组织的学习能力	培养组织的创新能力和激发组织的最大活力
信息互动度	以输入为主，学习知识、典型教训案例和最佳实践，学习无边界	以输出倒逼输入，沉淀、共享、应用最佳创新实践和典型案例，激活组织，创新无边界
成员参与度	由上而下领导带头，全员参与，建立积极、开放氛围	全员主动参与，建立积极、开放、共享和应用氛围
创新程度	强调以学习为主	强调创新为主导，不仅学习，一切都是为了创造客户价值
培训来源	较多来自外面的讲师培训，以向外学习为主	大部分采取内部讲师培训，挖掘内部精华（知识、技能、素养），从向外学习为主到向内学习为主

人才是创新的第一要素。创建学创型组织是创新涌流的最佳方法。学创型组织应包括以下五项要素。

一是构建学创型组织结构。选择有利于创新的组织结构，并通过改善组织的人才密度与人才结构，建立乐于创新、敢于创新、争相创新的组织环境与氛围。

二是重塑创新使命。将创新定位为组织的崇高使命，通过凝聚共识，引领全体员工共同为创新目标而努力，让每个人都成为创新的积极参与者和推动者。

三是培养团队的多元结构思考力。没有完美的个人，但可以有完美的团队。团队智慧大于个人智慧的平均值。通过创建多元性与专业性的团队，做到优势互补，百花齐放。就如珊瑚礁的丰富物种是创新涌现的最佳生态一样。多元性与专业性的团队，打通文理科的局限，打通各专业之间的壁垒，创建创新的丰富生态。

四是建立模型思考方法。模型思考不仅可以让人们看到现象，更可以看透问题的本质。通过建立模型，深入理论与深度思考，看到问题背后的不变的"一"。模型思考法也是第一性原理的运用。应通过资讯搜集，掌握事件的全貌，以避免见树不见林，培养综观全局的思考能力，看清楚问题的本质，这有助于清楚了解因果关系。创新是心灵的正向转换，企业如果能够顺利导入学创型组织，不仅能够达到更高的组织绩效，更能够带动组织的生命力。

五是改变组织心智模式。君子不器，上善若水。君子不固化于某一思维，水无常形，能随机而变。组织创新的最大抗阻来自组织固化的心智模式。组织的障碍，多来自个人的旧思维，如固执己见、本位主义、习惯难改等。唯有持续地创新与持续地习惯多元思维模型思考方式，通过组织使命与组织氛围，才能改变组织心智模式。

第二节
人才管理的CAD模型

关于人才管理的 CAD 模型

人才管理的CAD模型，是华朗咨询原创的一套简单易行的人才发展方法。在该模型中，C是指人才标准构建（Competency，包括胜任素质模型、任职资格、人才画像等的构建），A是指人才盘点（Assessment，包括人才测评与人才盘点等），D是指人才发展（Development）。

德鲁克说："创新性组织把创新精神制度化而创造出一种创新的习惯。""创新性组织作为一个组织来创新，即把一群人组织起来从事于持续而有生产性的创新。他们组织起来使'变革'成为'规范'。"德鲁克解释道："在创新性组织中，管理当局的最首要职责在于把不切合实际的、不成熟的、粗略的想法转变成为具体的创新实际。"企业家精神（主要是对创新性组织的领导）不再是一种性格张扬、富于冒险的个人性格特质，而成了一种可训练、可培养、可传授、可学习的领导技术。

既然创新是可学习、可培养、可传授、可训练的，那么它同样遵循一般人才发展的相关原则或者模型。在人才发展领域，可以采用CAD模型来建立十倍创新人才供应链体系。

人才标准构建（C）：在构建人才标准与人才胜任素质模型阶段，要深入剖析企业的宏观资源环境，包括企业战略、发展阶段、价值创造模式等关键要素，在这个基础上进行行为事件访谈，深入探索企业的绩效最优与绩效最差人才样本的行为模式与特质，进行对比分析，找出影响绩效的最核心行为要素。此外，还要广泛搜集绩优人才的行为范例，对常见的人才标准行为模式进行归类与提炼。作为补充，还要进行标杆分析，深入剖析行业优秀管理者的成功案例，共同建立人才标准与人才胜任素质模型。

人才盘点（A）：在人才测评与人才盘点阶段，要特别注重保证测评的信度和效度。最好采用人才测评中心这一综合测评方法，它涵盖了多种测评工具和手段。测评过程需要严格遵循《人才测评服务业务规范》规定的系列标准，包括从工作分析开始、对行为进行归类、使用评分技术进行定量和定性评价等，通过多种测评方法的综合应用以及行为模拟的引入，确保对测评对象进行全面而深入的了解。同时，如果有多个测评师的参与，也会进一步提高测评的准确性和可靠性。

人才测评中心采用的测评工具和手段包括访谈、公文筐练习、管理游戏、无领导团队会议、投射测验、纸笔测验、个人历史问卷、简历分析等。

人才发展（D）：在人才发展阶段，需要采用多元化发展手段，旨在全面提升人才的多元结构思考力和领导能力。这些手段包括课程培训与学习、360度评估和反馈、教练式反馈与辅导、创新体验与内隐学习、行动学习以及创新复盘与反思等。通过这些手段的综合运用，能够帮助企业人才在知识、技能、态度和行为等方面实现全面提升，从而更好地适应企业发展的需求。

人才管理是一项系统工程，它基于企业基因的人才标准而构建，进而通过人才盘点发现企业未来三至五年的人才需求。基于这些需求，制订短、中、长期的人才选拔、培育、使用和留任计划。在人才发展方面，要注重专项人才与综合型人才的培养，专项人才包括技术型人才、产品型人才、营销型人才等各类企业所需人才。综合型人才主要是对领导者与创新者的培养，可参考十倍创新领导者五力模型进行创新人才的选拔。通过训战结合的方式和721法则进行批量培育，打造一支高素质、高能力的人才队伍，为企业的持续发展提供有力的人才保障。

1. 人才标准构建

人才标准的通用构建方法主要有胜任素质模型与任职资格两种。我们先从胜任素质模型的构建开始。

麦克里兰认为，胜任素质是指特质、动机、自我概念、社会角色、态度、价值观、知识、技能等能够可靠测量并可以把高绩效员工与一般绩效员工区分开来的个体特征。胜任素质主要具备这几个特征：人的综合特质、与工作绩效高度相关、以行为的方式体现、可持续的、可预测未来行为表现。胜任素质模型是胜任素质的组合或者综合，胜任素质的冰山模型如图4-1所示。

图4-1 胜任素质的冰山模型

（1）知识，即个人在某一特定领域拥有的事务型与经验型信息，如对某类产品营销策略的了解等。

（2）技能，即个人掌握和运用专门技术的能力，如商业策划能力等。

（3）社会角色，即个人对于社会规范的认知与理解，如以企业领导、主人翁的形象展现自己等。

（4）自我形象，即个人对自己身份的知觉和评价，如将自己视为权威、教练、参与者或执行者等，它表现出来的是个人的态度、价值观与自我形象。

（5）个性特点，即个人的个性、心理特征对环境与各种信息所表现的一贯反应，如善于倾听、处事谨慎、做事持之以恒等。

（6）动机，即推动个人为达到一定目标而采取行动的内驱力，如希望把自己的事情做好，希望控制影响别人，希望让别人理解和接纳自己等。

胜任素质模型的构建从企业的战略分析开始，同时结合岗位上绩效优秀样本和绩效普通样本进行对比分析，既能充分考虑企业的行业特征、发展阶段、战略方向、文化特性，同时又是绩效优秀人员的行为表现。

胜任素质模型与人才标准构建流程如图4-2所示。

对于人员规模大且重要单一岗位上人员密集的企业，成功获取具有代表性的绩优样本，有利于胜任素质模型的构建与应用，而且产出投入比非常高。胜任素质模型体系如图4-3示。

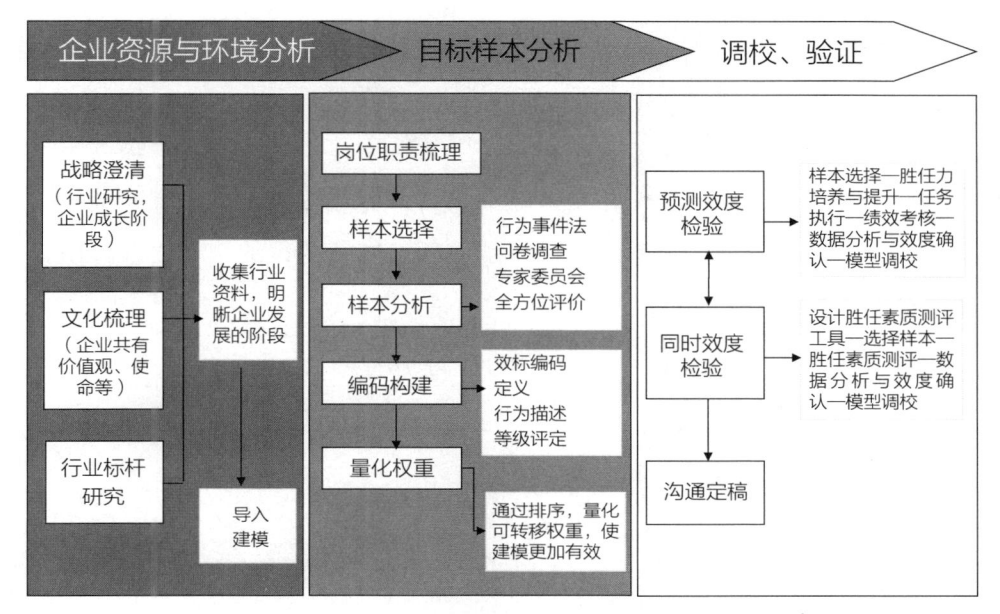

企业资源与环境分析 → 目标样本分析 → 调校、验证

企业资源与环境分析
- 战略澄清（行业研究，企业成长阶段）
- 文化梳理（企业共有价值观、使命等）
- 行业标杆研究
- 收集行业资料，明晰企业发展的阶段
- 导入建模

目标样本分析
- 岗位职责梳理
- 样本选择 —— 行为事件法、问卷调查、专家委员会、全方位评价
- 样本分析
- 编码构建 —— 效标编码、定义、行为描述、等级评定
- 量化权重 —— 通过排序，量化可转移权重，使建模更加有效

调校、验证
- 预测效度检验 → 样本选择—胜任力培养与提升—任务执行—绩效考核—数据分析与效度确认—模型调校
- 同时效度检验 → 设计胜任素质测评工具—选择样本—胜任素质测评—数据分析与效度确认—模型调校
- 沟通定稿

图4-2　胜任素质模型与人才标准构建流程

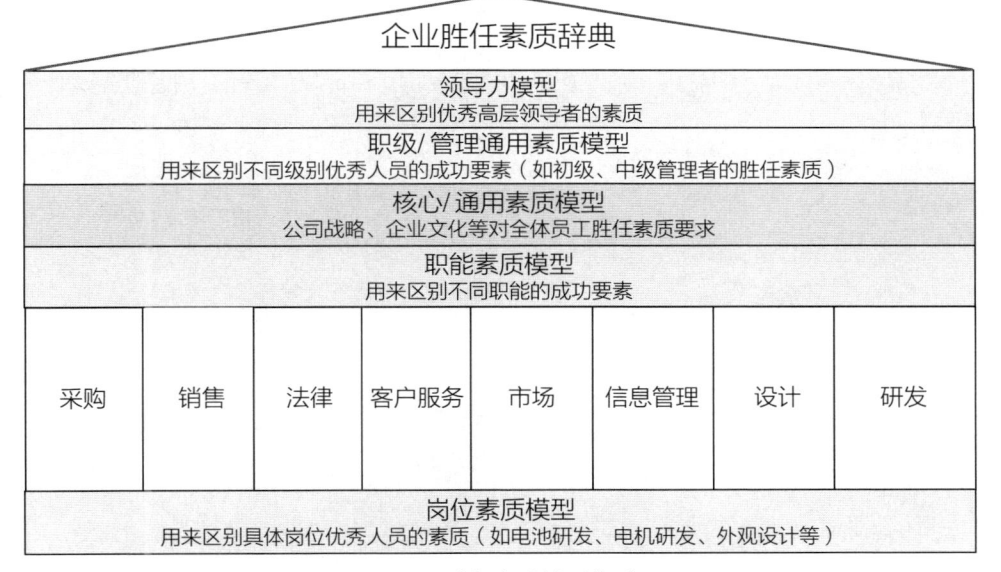

企业胜任素质辞典

领导力模型
用来区别优秀高层领导者的素质

职级/管理通用素质模型
用来区别不同级别优秀人员的成功要素（如初级、中级管理者的胜任素质）

核心/通用素质模型
公司战略、企业文化等对全体员工胜任素质要求

职能素质模型
用来区别不同职能的成功要素

| 采购 | 销售 | 法律 | 客户服务 | 市场 | 信息管理 | 设计 | 研发 |

岗位素质模型
用来区别具体岗位优秀人员的素质（如电池研发、电机研发、外观设计等）

图4-3　胜任素质模型体系

任职资格和胜任素质模型既有关联又有区别，二者的比较如表4-2所示。胜任素质模型的主要特点集中体现在以下两个方面。

一是胜任素质模型对人员的期望有了更广泛的含义。它不仅要求员工完成工作，还期望他们对组织产生长远的价值。

二是胜任素质模着眼于未来。在组织变化如此迅速的今天，明确未来组织需要什么样的人才是非常重要的。通过分析优秀员工的关键特征和组织变量，胜任素质模型能够确定岗位的胜任要求和组织的核心胜任素质，这使得它成为一种人员导向的职务分析方法。

表4-2 任职资格与胜任素质模型的比较

任职资格	胜任素质模型
工作描述 • 做了什么 • 核心任务和功能 • 需求（知识、技能、责任）	胜任素质剖析 • 做了什么，为了什么，怎么办 • 核心任务和胜任素质 • 需求（知识、技能、人格、态度、价值观、动机）
甄选（这个人怎么样） • 通过职位和个人之间匹配进行挑选 • 挑选是为了填补空缺 • 挑选标准集中在知识、人格和态度上	甄选（这个人起什么作用） • 通过个人和组织之间的匹配来挑选 • 挑选是为了组织长期的发展和成长 • 挑选标准不但集中在知识、人格和态度上，而且在技能、价值观和行为上
培训与发展 • 知识的发展 • 以提高工作技能为核心 • 目标在于等级提升	培训与发展 • 知识、能力、意志和人格的发展 • 以发展技能、态度和行为为核心 • 目标在于最大程度发挥人的潜能
绩效评估 • 集中在职位的功能上 • 集中在职位贡献上	绩效评估 • 集中在绩效、成果、潜能上 • 集中在行为上
薪酬与激励 • 根据职位付薪酬 • 职位的重要性决定薪酬 • 聚焦于责任、知识、年龄和资历	薪酬与激励 • 根据工作付薪酬 • 组织所需要的胜任素质决定薪酬 • 聚焦于产出

学者克兰普认为："在如何雇用员工以及训练他们以达到最大效益的问题上，胜任素质测评是一个非常有力的新方法。它与传统的任职资格

分析方法的显著区别在于，它指出从事某个职务所需要的关键知识、能力和个性特征。胜任素质测评的出发点基于一个很简单的前提：要了解担任职务所需的条件，最佳方法是分析该职务的杰出绩效者，研究是什么原因使他们有杰出的表现。因此，胜任素质测评主要测评的是担任这个职务的人，而非这个职务本身。"

作为胜任素质研究与应用的开创者，麦克里兰认为胜任素质分析法的核心在于：

（1）使用效标（学习标杆）样本。这种方法主要通过比较在工作和生活上成功与较不成功的人群，从而找出导致学习标杆成功的关键因素。

（2）找出与成果有因果关系而且可以测量的思考与行为。

胜任素质分析法强调效标效度——识别导致工作表现的关键因素，而不是描述一个人的所有人格特质，并且希望这些关键因素与工作绩效有显著的关联。在麦克里兰最初的胜任素质模型构建方法中（行为事件访谈法），对产生高绩效的素质没有任何假设，而是通过分析绩效优秀员工和绩效一般员工的相关事件和行为，然后通过统计学方法来确定真正产生高绩效的胜任素质。麦克里兰进一步认为，为了改善绩效，企业在甄选和发展过程中，应当以优秀员工的胜任素质为"标杆"或者"蓝本"，胜任素质的法则是"我们从超级明星身上学到的东西最多"。

如图4-4所示，集合A代表绩效一般员工独有的胜任素质，集合B代表绩效出色和绩效一般员工共有的胜任素质，集合C代表绩效出色员工独有的胜任素质。构建胜任素质模型需要寻找的正是集合C，即绩效出色员工独有的胜任素质。

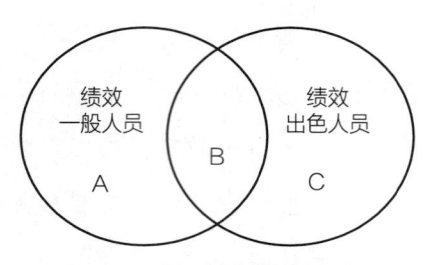

图4-4 胜任素质模型的逻辑

在《作为扩张与杠杆的战略》一文中，战略管理大师加里·哈默对人力资源的杠杆运用有一段精辟独到的论述："每一家公司都是一个经验大水库，每天，雇员都与新顾客接触，对竞争者有更多的了解，遇到并解决技术问题，发现更好的方法去做事。但是，一些公司比其他公司更擅于从这些经验中汲取知识。因此，长期来看，使公司产生差别的，可能是更多地从自己的积累中提炼知识的能力，而不仅是他们经验的积累量或深度。因为经验是在一定成本下获得的，把从每个经验中获得的观察进行扩展的能力是资源杠杆性运用的关键组成部分。"

虽然加里·哈默的论述中没有提及"胜任素质"这一词，却处处显示出胜任素质的思想精髓（见表4-3）。

表4-3 加里·哈默论述中的胜任素质思想精髓

加里·哈默的论述	胜任素质思想精髓
雇员发现更好的做事方法	产生高绩效所需的知识、技能和行为
长期来看，使公司产生差别的，可能是更多地从自己的积累中提炼知识的能力	从高绩效员工样本中，提炼产生高绩效所需的知识、技能和行为
把从每个经验中获得的观察进行扩展的能力是资源杠杆性运用的关键组成部分	胜任素质模型的构建，是对最佳经验的观察和捕捉，胜任素质管理真正起到人力资源的杠杆性作用
一家公司能力提高的比率不是由一些与积累量相联系的因循守旧因素来决定的，而是由公司从经验中学习的相对效率来决定的	对员工进行胜任素质的培训与推广，可以大大提高从经验中学习的相对效率
不断地以世界上最佳业绩为基准进行测试；能够自由地向著名的业绩发起挑战	以胜任素质模型为标准，引导员工的工作和发展，其实质就是向最佳业绩发起挑战

2. 人才盘点

有了胜任素质模型作为人才标准之后，还需将员工实际的胜任素质水平及绩效水平与标准进行对比，从而对人才的质量与结构进行深度分析，这就是人才盘点。人才盘点是指多维度、多方法、多周期的人才评价与人才规划。人才评价管理体系如图4-5所示。

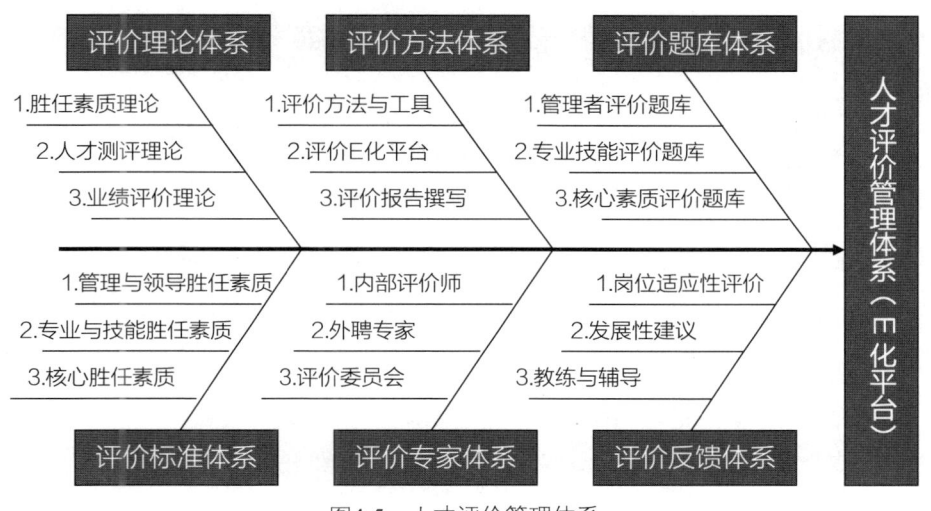

图4-5 人才评价管理体系

人才盘点的作用如下：

第一，建立人才优势。系统地进行摸底，引领组织人才战略，获取详尽的人才数据信息，识别高潜人才，检验人岗匹配度，促进人尽其才，创建人才竞争优势，助力组织战略业务目标落地。

第二，完善培育策略。形成各层级的人才档案和人才地图，建立各层级后备干部人才梯队，通过轮岗交流和针对性培养，为公司业务发展奠定人才基础。

第三，优化管理体系。通过对组织结构与团队人才的盘点，发现管理盲区，形成有时间节点的行动计划，用以指导组织与人才管理体系的优化，做好整合与衔接。

第四，为管理者赋能。帮助管理者在盘点过程中加深对人的理解，提高在工作安排中的人岗匹配与识人用人的能力。

3. 人才发展

人才发展的重点在于，通过有计划的学习，鉴别和确定员工为胜任现任或将来的工作所必备的能力及相关技能，并帮助提高这些知识和技能。从这个定义可以看到，人才发展的内容着眼点在于"胜任"两字，所有的人才发展活动，如培训规划、需求分析、课程开发和设计、教学方法革新、培训效果评估等，均是为了实现员工"胜任"工作要求这个目的。

企业可以依据不同专业和层次的胜任素质模型，建立本专业、本层次的职业发展通道，最终形成一个科学合理的各专业序列的职业发展通道体系。通过对现有任职人员的胜任能力评估，企业可以发现每一个个体的能力优势和弱项，从而找到组织整体的能力短板，然后有针对性地制订能力培养发展计划，并通过各种培养手段提高个体乃至组织整体的专业能力。

胜任素质帮助组织将培训与人员发展的重点放在相关行为和技能上。胜任素质模型帮助员工更好地评估他们当前的能力水平，并且能判断为提高绩效需要开发的行为和技能。当员工清楚地了解获得成功的条件时，他们在培训和发展方面能够更好地做出决定。他们不会为了完成规定的培训实践而去报名参加对他们工作绩效没有帮助的项目。

在公司高层支持培训与发展工作之前，他们需要看到培训与发展是与商业目标相关联的。胜任素质模型不仅包括与工作效率密切相关的行为表现，还包括支持组织战略方针所需的行为模式，以及为达到商业目标而建立和保持的组织文化所需的行为模式。这有助于人力资源管理部门确定是否需要开发其他培训项目，以满足组织未来的需要。

胜任素质能够区分对绩效有显著影响的培训项目与那些与员工工作重心关系不大的培训项目，从而决定怎样利用有限的资源并减少主观判断。此外，胜任素质模型有助于确定谁需要哪些知识和技能，以及他们在职业生涯的哪个阶段需要这些知识和技能。因此，员工在需要时获得相应的培训与发展，增加了相关技能通过工作应用得以固化的可能性。这与那些不考虑当前发展需求或工作要求而按日程安排各类培训的方法相比，无疑更为妥当。

越来越多的组织倾向于从内部提拔员工，并纷纷建立和实施关键岗位的继任计划。继任计划是人力资源管理系统中甄选、培训与发展、绩效评估等流程的组合体。通过继任计划的实施，组织组织能够发现并培养那些他们认为有潜力担任更高职务的员工。胜任素质模型对于甄选、培训与开发、绩效评估系统等都具有重要的意义，并同样对继任计划具有推动作用。

组织在考虑某一位员工来担任重要职位时，必须明确这项工作的要求以及实现良好绩效的因素。建立正确的胜任素质模型有助于界定担任这个职位所必需的能力，并有助于准确预测哪些行为表现是成功的关键。基于胜任素质的继任计划系统可以确定该职位所需的技能、知识和个性特点，从而有助于提高绩效。

胜任素质模型为继任计划提供了一种评估方法，用以判断一个候选人是否具备接受某个新角色的条件。通过360度反馈方法，决策者在讨论候选人是否具备继任条件时，将重点放在一系列相关的特质和个性特点上。

胜任素质模型帮助组织将培训与发展的重点放在解决继任计划候选人所缺乏的胜任素质方面。借助胜任素质模型，继任计划候选人无论是独自工作还是参加培训，都可以确定需要参加哪些培训课程或者在职培训，以弥补知识和技能的不足。候选人也可以明确胜任某一职位所需的经验，并据此进行相应的准备。

对于一个组织来说，当需要有人来担任一个重要职位却发现缺乏高潜力的人选时，这是一件令人苦恼的事情。基于胜任素质模型的继任计划系统可以帮助企业评估其后备力量。通过评估个人和集体的胜任素质水平和相关行为，企业可以在组织层面上确定是否具有一些关键能力，并据此采取相应措施，以确保长远的成功。

综上所述，通过基于胜任素质的人才发展体系，我们能够有效解决员工培训与职业发展的问题。首先，我们通过胜任素质测评，形成每位员工的胜任素质评估报告。然后，根据评估结果，我们为每位员工制订针对性的发展计划，包括职位调整计划、培训计划、岗位轮换与晋升计划、职业发展建议等。

在人才发展的方式和方法上，企业本着"学以致用、按需施教、讲求实效"的原则，展现出多元化的发展趋势。这种多元化的人才发展体系包括知识转化、行为改变、绩效促进等，如图4-6所示。

知识转化
- 课程
- 知识内化
- 课后分享（读书会及杂志）

行为改变
- 360度评估和反馈
- 教练和指导
- 胜任力突破行动计划

绩效促进
- 课题研究与行动学习
- 发展型挑战
- 复盘与反思（从失败中学习）

图4-6　多元化的人才发展体系

十倍创新领导者五力模型

创新，无疑是全球经济的活力之源，更是每位CEO必须首要考虑的战略要素。最近，IBM针对全球1500名CEO展开了一项深度调查，结果显示，创造力在未来的"领导能力"中独占鳌头，凸显了其无可替代的重要性。美国对中国发起的一系列技术制裁，更凸显了原创性技术对于一个国家而言所承载的非凡意义。如今，新质生产力的提出，无疑标志着创新已成为中国举国上下的核心战略。

第四章　十倍创新人才

创新思想具备颠覆产业格局、创造财富的惊人力量，这一点，历史早已为我们提供了无数有力的证明。苹果的乔布斯，便是历史上创新力超群的佼佼者之一，他赋予苹果的创造力使这家企业一举成为市值之王，至今无人能及。在移动互联网的激烈竞争中，张小龙凭借独特的创新力，成功打造出王牌产品微信，使腾讯稳坐移动互联网的霸主之位。而在手机市场的激烈角逐中，余承东领导的华为手机业务，凭借其独特的创新力，使华为手机迅速崭露头角。

在每一个成功的案例中，我们都能看到富有创新精神的企业家，他们运用独特的创新想法，为行业领军企业构筑了坚不可摧的竞争优势，并创造了巨额财富。回顾过去，我们越来越深刻地认识到创新的重要性；展望未来，我们或许仍需要面对一个核心问题：如何才能真正做好创新？而创新的根本，无疑在于拥有创新能力的人才。那么，具备超强创新能力的领导者，究竟应该具备哪些核心能力呢？

华朗咨询十六年专注创新人才的研究，发现十倍创新领导者具有五种核心的能力。这五种核心能力分别为多元结构思考力、连接动员人际力、坚毅果敢执行力、审美力、内定力。如果把这五项能力比喻成一棵大树，那么树根是内定力与审美力，树干是多元结构思考力、连接动员人际力、坚毅果敢执行力。

十倍创新领导者五力模型，具体如图4-7所示。

中国著名教育家蔡元培在《以美育代宗教》一文中多次提及，人的精神作用可普遍分为知识、意志和情感三种。美学与哲学恰好囊括了知、情、意这三个方面，各自形成完备体系，无须向外寻求补充。十倍创新领导者的底层能力是内定力与审美力，它们兼具美育与哲学的功效，为创新者提供源源不绝的精神支撑与创造灵感。而多元结构思考力、连接动员人际力和坚毅果敢执行力则是这一底层能力在实践中的运用展现，即运用能力，它们分别与人的精神世界中的知、情、意三个方面相契合，即知对应于多元结构思考力，情对应于连接动员人际力，意对应于坚毅果敢执行力。由此可见，创新者的修炼实则是追求全面而深刻的完善，它是一个立体而全方位的精神修养体系，是一个由内心出发，向外拓展的完整修为过程。

图4-7　十倍创新领导者五力模型

1. 底层能力

内定力

内定力来源于意义感，其本质是联于永恒。内定力指的是具有笃定的价值信仰与价值主张，能给创新者带来人生的价值感与意义感。十倍创新领导者都是理想主义者，只有内心的笃定感与意义感更能激发其创新的激情与灵感，以至于能调动全部的精神要素于创新中，发挥出人性中真正的天赋。

内定力是一种稳定的内在永恒力量。内定力由三样东西构成：一是信，二是望，三是爱。信是使命，是初心，是所望之事的实质，是未见之事的确信；望是愿景，是战略目标，是发展方向；爱是人类普世的核心价值观，是从初心到愿景的路上与谁同行。没有使命感的人不知道人生的意义在哪里，没有盼望的愿景在荆棘的路上容易跌倒，没有爱的人生则远离了人性。所以信望爱，就是找到并笃定我们内心的使命、愿景与核心价值观，由此构成人生的磐石，建筑成人生笃定的内定力。世间的一切最终都是回归于知行的合一，回归于内心的笃定。

审美力

美是人类共同的追求，能够将千差万别凝聚成共识的，只有美。美可以跨越时代、跨越空间、跨越距离。美能触发内心的积极因素，产生心流，心流又会带来幸福感。美是灵魂深处与外界交流的桥梁。审美力是看不见的竞争力。一切的创意其实都源于美。一切的伟大作品都在体现美。一切的灵感都来自美。审美力即产品力。

审美力是一种能超越差异、达成共识的能力。中国著名教育家蔡元培先生，也是一位影响深远的美学家和美育实践家。他重视美学，是将西方美学思想系统介绍到国内的近代思想家之一。他提出美育是培养健全人格的基本途径，因为美是人类共同的追求。

我们今天遇到的是一个复杂、多维、不确定的时代，是一个特别遵从个性化、自由化和独立的时代。这就意味着我们所有人有更多的差异化和更多的不同。要把万千差异凝聚成共识，其实只有美能完成这一任务。不管是什么时代、不管在什么地区，人类对美的共同追求是完全一致的。美是连接天堂与人间的桥梁，美能让人活在当下，又能联于永恒。美是能触及人灵魂深处的东西。欧美大量伟大的艺术作品都来源于宗教，而中国几千年来留下的各种艺术作品，特别是唐诗、宋词、元曲、琴棋书画以及雕塑和建筑等，都是中国人的灵魂归属地。

首先，美是一种体验感，是一种感觉。其次，美需要深厚的文化熏陶与底蕴传承。正如一句广告语所说的，"科技以人为本"。美是一种真正关注人文、关注人最细微感觉的东西。

所以关于审美力，有三个要点。第一，审美力是一种关注人们内心体验的欣赏力。它能触动人心中最柔软的部分，是一种力量。审美是主体的主观感受，是临在当下的幸福感，是激动人心的福流。其核心是欣赏。欣赏其实是你的体验。第二，审美力是一种深度的人文关怀，是一种文化力。它是人生意义的赋予者，是与永恒的终极关怀相联系的。它必深深植根于文化中。第三，审美力是创新的灵魂。因为美能够产生灵感，其核心体现在工作中的作品。作品力的核心是审美力。一个个伟大的艺术作品背后，都是一个个伟大的创新灵魂。乔布斯以苹果手机为作品，展现了其伟大的创新灵魂。他追求极简的禅宗审美风格，这种风格深深地渗透到其一系列作品中。这些作品都是划时代的十倍创新作品。

2. 运用能力

十倍创新领导者的运用能力是多元结构思考力、连接动员人际力、坚毅果敢执行力。

多元结构思考力

多元结构思考力来源于多元知识的力量。多元结构思考力有两个关键词：一是"多元"，二是"结构"。

多元是什么？用哲学上的话来说，就是要能看到事物的普遍联系性。也就是说，能将常人看起来毫不相干的事物之间建立起普遍的联系，并由此生发出新的思想的能力。

我常开玩笑地说，十倍创新领导者都是蜻蜓，而不是比目鱼。蜻蜓拥有复眼，可以同时从多个角度看事物；比目鱼的双眼长在头部同一侧，一次只能看一个方向。能以常人不易察觉的新视角看问题，是十倍创新领导者的独特功能。

结构效率远远大于运营效率，结构的改变直接影响效能。同样是碳元素，金刚石坚硬如金而石墨却软如面团。同样的人群，组成不同队形的足球队，比赛结果大不相同；同样的人群，不同的组织结构，创造的效率可能相差十倍。

创新思维的结构化，也是同样的道理。思维的结构化能显著提升思维的效率。但单一的结构化也有可能带来固执，所以多元与结构，一阴一阳，二者必须相辅相成。

所谓的多元结构思考力，就是能建立事物普遍联系的结构化思考能力。其本质在于普遍联系性与结构性。联系性思维包括创建奇异的联系组合、积木式积累联系思维、宏观与微观的联系思维、无边界联系思维等四种结构。联系的技巧主要有随意性联系法、角色扮演转换联系法、比喻联系法与SCAMPER联系法（取代、结合、借用、放大、缩小、修改、一物多用、删减、反转、重组）。结构性思维包含众多的模型，模型是洞悉问题本质的结构。

连接动员人际力

什么是连接动员人际力呢？其关键点也有两个：一是连接，其本质是联系与容纳；二是动员，其本质是激励并调动团队的积极性。领导者的核心工作是动员群众，解决难题。动员群众需要密切联系群众，连接动员人际力是领导力问题。

连接是指你能够和不同的人、各种各样的人建立合作关系的能力。在企业初期，创始人构建人际关系的能力，就是企业的核心能力。这种能力直接限制了一个公司能做多大的体量，获取多大的机会。而创始人构建人际关系的能力中，最重要的一条是人际容纳度。你能与多少人建立深度关系，你能容纳什么样的人，这些都决定了你的组织资源的丰富性与弹性。一个人能够在多大范围内建立自己的人际关系网络，往往决定了一个人的成就。

坚毅果敢执行力

坚毅果敢执行力包含两个核心：一是坚毅，即坚持到底；二是果敢，即立即行动。

什么是坚毅？向着长期目标，保持自己的激情，即便遭遇失败，依然能够坚持不懈地努力，这种品质就是坚毅。黄河之水天上来，奔流到海不复回的坚持是坚毅。九死一生不回头，千年不死、千年不倒、千年不朽的毅力也是坚毅。创新者在初期往往容易受到质疑，如果没有坚毅的品质，几乎无法继续前行。实践是检验真理的唯一标准，所以坚毅果敢执行力是逆商问题，其本质是知行合一。

实践是认识的源泉和基础。实践不仅是认识的源泉，而且是推动认识不断前进的动力。实践不仅是认识的动力，也是认识的目的。实践在认识过程中具有首要的地位和作用，关键在于只有实践才是检验真理的唯一标准。实践是最终一切的解答。坚毅果敢执行力的本质就是实践。

宾夕法尼亚大学的心理学教授安杰拉·达克沃思通过研究发现，一个人能否创新，坚毅的品质起了重要作用。安杰拉·达克沃思所著的《坚毅》一书，一经出版，就受到美国前总统奥巴马等名人的推荐和引用。引入中国后，也得到了彭凯平、杨澜、古典等名人的联袂推荐。通过这本书，你能看到成功的另一面，发现自己的兴趣所在，找到自己的人生使命，在挫败中不断磨炼自己，成为一个坚毅的人，拥有自己想要的生活。

果敢，所有成功者都是行动派，都是当机立断、当下行动的人。

综上所述，五大能力构成了创新由内而外的基因。这些创新者的基因都是可以测评、可以发展、可以训练的。发现创新者的基因，发展创新者的创新能力，让人人都成为创新者，是华朗咨询存在的价值与意义。

第三节
比亚迪人才管理实践

拉亲戚：知根知底好办事

在比亚迪创立之初，团队中的关键成员有不少人是王传福的亲戚、老乡或同学，这些成员在比亚迪的发展中起到了举足轻重的作用。比亚迪的启动资金来自王传福的表哥，同时也是比亚迪股份董事长、非执行董事吕向阳。初始团队的20多名成员中，包括王传福的胞兄王传方和大嫂张秀菊，王传方现任比亚迪股份副总裁。

比亚迪电子（国际）CEO、比亚迪电子事业群总经理王念强是王传福的大学同班同学。在王传福创办比亚迪时，他也将这位同学兼老乡拉入了团队。王念强早期担任比亚迪股份的总工程师，是公司最早的一批员工和高管之一。除了团队的关键成员，比亚迪的员工中也有不少来自王传福的安徽老家无为市，他们是王传福的亲戚和老乡。

在企业创立之初，由于规模小、品牌知名度低，企业导入外部资源（主要是人际关系及人际信任等）的能力有限。在这种情况下，最好的人力资源就是亲戚朋友，他们彼此知根知底、相互信任，有利于事业的快速启动和发展。

招能手：攻坚克难、破局飞跃

中国自古就有帅才、将才之论。善领兵者，谓之将才；善将将者，谓之帅才（《史记·淮阴侯列传》）。在军事领域，所谓的"帅才"就是指能够统筹全局的才略，能够居于主导全军的地位，重在战略眼光，勇武倒是次之。所谓的"将才"，是指能够率领一方面大军作战的能力，他们不必考虑整个战役的得失，而在乎局部战场的胜败，重在勇武，谋略次之。

在比亚迪发展到一定阶段后，开始向更高阶的研发创新、市场营销、品牌形象设计等领域挺进，特别是全面进入汽车业务之后，需要在各方面选聘"帅才"和"将才"。

2003年，比亚迪进入汽车产业后，急需懂得汽车技术的"帅才"。比亚迪旋即聘任廉玉波先生为比亚迪汽车产业总工程师（现任比亚迪集团首席科学家、汽车总工程师、汽车工程研究院院长）。廉玉波先生在汽车设计领域拥有丰富的经验，曾在中国汽车研究中心工作，并历任上汽集团仪征汽车有限公司总工程师、上海同济同捷汽车设计公司常务副总经理。廉玉波先生加入比亚迪后，作为核心技术人员的主要成果及获得的奖项包括：主持研发的比亚迪F3，先后荣获由国家知识产权局、CCTV联合推出的"年度最佳新车"奖和《CCTV2005创新盛典》评选的"自主创新汽车类大奖""最具市场潜力车型奖""最具性价比车型"等奖项；主持研发的比亚迪S8，获得"最佳中国新车首发大奖"；主持研发的比亚迪F6，获得上海车展"新车奖""国际工业设计成就大奖外观设计金奖"等。2021年11月3日，廉玉波先生主持的项目"高性能电动汽车动力系统关键技术及产业化"荣获2020年度国家科学技术进步奖二等奖；2022年1月15日，获得2021年度广东省科学技术奖科技进步奖（特等奖）；2023年，荣获何梁何利基金科学与技术创新奖（产业创新奖）；2023年5月，被授予第三届全国创新争先奖状。

比亚迪汽车的颜值一直是市场所诟病同时又充满期待的。随着比亚迪技术走向高端和前沿，比亚迪汽车车型的内涵和颜值都需要与其技术相匹配。鉴于此，比亚迪在全球范围内展开了汽车车型及外观设计"梦之队"的聘任。

比亚迪设计"梦之队"由三位世界顶尖设计大师领衔，这也是目前中国最强的汽车设计"天团"。沃尔夫冈·艾格，现任比亚迪全球设计总监（于2016年加入比亚迪），创造了奥迪R8等众多全球车迷心中的殿堂级神车。胡安马·洛佩兹，现任比亚迪全球外饰设计总监，被誉为设计界的"360度全才"，曾经设计了"超跑三大神车"之一的法拉利La Ferrari、兰博基尼"最成功的车型"Gallardo Coupe等一系列车型。米开勒·帕加内蒂，现任比亚迪全球内饰设计总监，是梅赛德斯—奔驰风格的发起人和联合创始人，一手主导了奔驰现款S Class、V Class、C Class系列，以及迈巴赫6 Pebble beach 2017等车型的内饰设计。

三位大师从中国文化汲取创意灵感和独特元素，融入现代设计，向世界展示中国之美。在比亚迪E-SEED GT概念车上大量运用的"龙"元素，以及唐、宋等多款新车上广泛采用的Dragon Face"龙颜"设计语言，获得了高度关注和广泛认可，展现了巨大的成功。目前，比亚迪汽车展现给市场的形象已经有足够的高端范儿、豪华范儿了。

招能手，其实就是搭建人才版图的骨架或承重墙。在企业发展面临技术、营销、品牌形象等方面的破局时，聘任到足够数量的"帅才"和"将才"，能够起到承上启下、继往开来的作用，将事业推向另一个高峰。

重用应届生：研发创新的好苗子

经过近30年的发展，比亚迪已经形成了适合自身发展的、独特的人才选用理念和体系。在比亚迪的企业文化中，很重要的一个原则是"重用年轻人"，用比亚迪的话来说就是"造物先造人"。无论是制造手机电池还是汽车，比亚迪都需要一支具有强大攻关能力的工程师队伍。王传福在培养工程师方面的一个重要理念就是"重用大学生"。

2023年被认为是大学应届毕业生就业最难的一年。然而，2023年7月下旬，3.18万名应届毕业生正陆续入职比亚迪。依托其产业布局和全面的人才培养体系，比亚迪让应届生"有岗可投"。据悉，2023年比亚迪招聘的应届生中，硕士和博士的整体占比达61.3%，研发人员占比达80.8%。比亚迪为大学生创造就业岗位的同时，也为新能源汽车行业的高质量发展注入了持续的动力。

"重用大学生、重用年轻人"的理念与王传福对中国人力资源的洞察以及比亚迪面临的市场态势、产业技术环境紧密相关。

1. 中国人特质上的优势

王传福曾说："我们要利用中国人的优势。外国人是生活第一、工作第二，而中国人是工作第一。即便是星期六、星期天，我们也可以上班。国外的情况则不同，七、八月份是他们的假期，工作完全被抛在脑后。我们的员工，我们的民族，这些因素决定了我们的优势。我们要成为世界第一，我们靠什么？就靠人力资源。"

2. 中国人数量上的优势

比亚迪有一个"301"的提法，就是以300%的工程师人数换取1%的领先，实际上这种领先不可能仅仅是1%。例如，三洋有200个研究人员，比亚迪有1000个，而且都是"211"大学毕业的。在研发上，比亚迪现在拥有1.2万名工程师，这在数量上远远领先于竞争对手。在技术上，比亚迪也同样保持领先地位，在某些行业，如电池领域，已经比竞争对手领先了30%~40%。

3. "十倍人才"战术

比亚迪作为行业的后来者，面临的是技术高墙及壁垒。从同行挖人一般很难挖到重量级人才，即使成功，也可能面临竞业限制。根据比亚迪的研发创新模式和路径，公司必须采取"十倍人才"战术。

第一，比亚迪需要确保研发创新人才的数量是竞争对手的十倍，而且这些人才是可以容易获取的，这通常意味着应届毕业生。

第二，这些研发创新人员应充满活力，能够承受高强度的"技术拆解和组合"工作，同时具备研发创新人才敢想敢干、敢破敢立、不受传统限制的特质，敢于在行业技术研发中通过"你打你的，我打我的"的策略来与竞争对手比拼，而不是妄自菲薄。通过在中国庞大的应届毕业生中进行选聘，比亚迪可以获得这样的人才。

第三，研发队伍作为王传福亲自指挥的嫡系军团，应届毕业生在文化、价值观、技术研发创新理念等方面更容易认同比亚迪。大学应届毕业生的可塑性和同化性是最高的。

比亚迪的高管团队中，有多位是从应届毕业生时期开始在公司内培养和发展起来的。例如，现任副总裁兼产品规划及汽车新技术研究院院长杨冬生先生，是2005年毕业的应届硕士研究生并于同年加入比亚迪，历任汽车工程研究院高级工程师、汽车工程研究院底盘部副经理、总裁高级业务秘书、产品及技术规划处总经理等职。现任公司高级副总裁及乘用车事业群首席运营官、深圳腾势新能源汽车有限公司董事何志奇先生，是1998年毕业的应届硕士研究生并于同年入职比亚迪，历任中研部和品质部经理、第四事业部总经理、采购处总经理等职。现任高级副总裁、弗迪电池有限公司董事长何龙先生，是1999年毕业的应届硕士研究生并于同年入职比亚迪，曾任第一事业部和第二事业部质量部经理、第二事业部副总经理，以及佛山市金辉高科光电材料有限公司副董事长。现任副总裁兼财务总监周亚琳女士，是1999年的应届毕业生，并于同年加入比亚迪。

人才蓄水池：提高人才密度，保障技术池子里有鱼群涌现

在一期晋升评审会议上，王传福总裁提到比亚迪要建立一个庞大的"人

才蓄水池"，确保公司的人才能做到召之即来，来之能战，战无不胜。

王传福曾经说："我们是一个多元化、高度集成、高度垂直整合的企业。我们需要方方面面的人才，而我们的人才绝大部分是自己培养的。实际上，比亚迪今天大部分事业部的总经理和经理，都是从历年招收的应届毕业生中成长起来的。"可见，比亚迪首先基于业务和事业的普遍需求进行人才规划，进而招聘大量应届毕业生，并在工作中敢于重用他们，为他们创设良好的发展和发挥才能的空间。在赛马中相马、在战斗中选将，这就是比亚迪的"先有兵、再有将"的人才策略。

在2023年4月的一次媒体沟通会上，王传福提到，比亚迪未来2~3年还会采用人海战术，利用大量的研发人员来保持颠覆性迭代的能力。"我们拼的是工程师，拼的是垂直整合的能力，拼的是市场战略，拼的是规模优势。"他进一步解释，"至于某一项技术对我们来说就不是最重要的了，因为我们的技术池子里有很多鱼，关键时候就捞一条出来。"

以比亚迪的IGBT研发过程为例，早在2005年，当大多数车企还未意识到电动化将成为汽车未来发展方向时，比亚迪已经开始布局IGBT芯片的研发。IGBT，全称为"绝缘栅双极型晶体管"，其芯片与动力电池电芯并称为电动车的"双芯"，是决定电动车性能的关键技术，其成本占整车成本的5%左右。因设计门槛高、制造技术难、投资大，IGBT技术被称为电动车核心技术的"珠穆朗玛峰"。长期以来，IGBT的核心技术一直被国外厂商所掌握，中高端IGBT市场90%的份额被国际巨头垄断，这导致"一芯难求"的局面，成为制约我国电动车行业健康和快速发展的主要瓶颈。

承担这项艰巨任务的是比亚迪半导体股份有限公司现任董事兼总经理陈刚。1998年，他从北京大学毕业后就加入了比亚迪，并带领比亚迪微电子团队在中国率先发布了车用IGBT芯片，使电动车行业摆脱了"卡脖子"的时代，为我国微电子快速发展做出了卓越贡献。陈刚从一名应届毕业生成长为专业领域的技术专家，他的成长经历完美地体现了比亚迪"先有兵、再有将""人才蓄水池驱动技术蓄水池"的理念和范式。

比亚迪的"人才蓄水池"不仅是公司发展的重要驱动力，也为中国相关产业，特别是汽车产业带来了明显的人才溢出效应。正如王传福在2019年对3200多名新入职的高校毕业生讲话时所提及的："汽车工业正在经历洗牌，谁能留下？这取决于你拥有的真正技术、核心技术和真正的品牌。"他还提及："公司还应该承担教育员工的责任。有人担心自己培养的人才，走了咋办？其实，作为企业家，不应该计较这样的得失。你在为他人培养人才，同时别的企业不是也在为你培养人才吗？机会成本是对等的，又有什么得失呢？"

把博士们拉下"神坛"：二元结构人才队伍的融合

由于比亚迪是一家高度垂直整合的企业，因此它的人才队伍呈现出一种特殊的二元结构：工程师队伍与工人队伍。这两支队伍的磨合与融合是非常重要的。王传福对此有着深刻的认识。他曾说："我有三万名中国工程师，这与三万名美国工程师相比，成本会一样吗？这个世界有时确实不公平。但他们的价值和创造力几乎一样，甚至在某些方面，中国工程师比美国工程师还强一点。中国人不像美国人那么注重享受生活，中国人更重视工作。因此，我觉得中国企业家很幸运，上帝眷顾了我们，把这么宝贵的资源放到我们这里。但是我们为什么无法超越他们？因为我们过去只懂管工人，不懂如何组织工程师。'中国制造'今后的竞争优势依然很大，关键是如何充分利用中国的高级人才和低级人才，让他们充分发挥潜力。""在比亚迪，人是每一个关键节点、每一种战略打法的最终执行者。对于工人，高压和高薪的结合可以迅速提高效率，但对于知识结构高、价值观和自尊心都很强的工程师来说，这一套是行不通的。只有通过建立文化认同感，让他们追随你的理念，才能有效管理他们。"

"任正非应该知道我这种感觉。企业家对待技术人员要有耐心，不能期望今天投入，6个月后就能获得利润，这是做不到的。技术需要通过产品来体现，因此要给予技术人员一定的时间和耐心，并要理解他们。技术人员往往有很多缺点，他们不擅长阿谀奉承，经常提出问题，不轻易屈服于压力。你给他高压，他会说，我在哪儿找不到工作，为什么一定要在你这儿受气？技术人员与一般工人不一样，工人如果收入提高，就会很高兴地给你干。但技术人员要是认同你这个人和你的理念，钱再少，他也愿意跟你干。"

在比亚迪的工程师中，有相当一部分是硕士、博士、博士后。尤其在20世纪90年代的中后期，博士一度被赋予了某种神秘色彩，似乎他们一加入企业就应该是解决所有技术问题的高手。但他们往往拥有扎实的理论功底，而缺乏实际操作经验。因为被寄予厚望，却又在短期内做不出成绩，一些博士没有发挥出自己的价值，最终选择离开。王传福也曾面临这样的问题，并从中总结出一套办法：博士们一进入公司，就先把他们拉下"神坛"，事先声明他们在某些方面还要向工人请教，甚至在一些领域要从零开始。这样技术队伍的氛围就融洽了很多。

在比亚迪将全球总部迁至坪山之前，总部坐落在远离深圳市区的葵涌。比亚迪于1999年底搬迁至此，那时的葵涌是一个交通不便、市政及生活设施极度不完善的地方。然而，在随后的20多年中，每年都有一批应届大学生陆续入职到葵涌总部。在比亚迪的人才变迁史上，这一现象被称为"3万骄子下郊区"。这些应届毕业生在艰苦环境中培养出了艰苦奋斗、踏实肯干的精神，这种精神对于技术研发创新和生产制造工作至关重要。这种精神促进了工程师和工人之间的共鸣与融合，实现了让人才队伍的"垂直整合"，也奠定了比亚迪"竞争、务实、激情、创新"的文化根基。

同是亚迪人，同住亚迪村

为了确保员工无后顾之忧，比亚迪建设了亚迪村和亚迪学校，为员工配房配车，并为员工子女建立了深圳最好的子弟学校。

亚迪村是比亚迪员工包括高管在内的住宿小区。公司的高级管理人员，包括王传福，都住在这个小区。这些小区的房子都是有产权的，可以买卖，并配给公司员工居住。这样一来，比亚迪不仅成了员工的工作场所，也成了员工的家。员工上班在比亚迪，下班后也回到比亚迪的家中。自从比亚迪开始生产汽车后，比亚迪还启动了员工配车计划，这不仅是对员工的福利，也成了比亚迪口碑营销的一部分。比亚迪的员工开比亚迪的车，无形中为公司做了活广告。有的人奋斗一辈子，无非是为了有房有车。而在比亚迪，员工在努力工作之后，可以享受到公司提供的贴心服务。这种关怀，让比亚迪的员工对比亚迪归属感大大增强。

比亚迪不仅提供房子和车子，还为员工的子女提供从幼儿园到中学的全套教育服务。比亚迪与深圳中学合作，建立了亚迪中学，并建有亚迪幼儿园。这就像国企的子弟学校一样，比亚迪为员工家庭提供了贵族学校式的教育服务。公司不仅考虑了员工的需要，还关心员工家庭，甚至连员工子女的教育考虑到了。这种全方位的关怀，让比亚迪的员工能够全身心投入工作中。

王传福曾表达过他的人才观，他说："著名的社会心理学家马斯洛提出，人有五个不同层次的需求，不同的人有不同的需求。对于普通员工，我给他们稳定的收入、安全和优美的环境；而对于高级管理人才，则要满足他们更多的需求，这样就能将优秀的人才留在自己的身边。"

王传福还曾说过："我也读过一些管理方面的书，但往往刚拿起来就放下了。我觉得书中的那些理论和现实比起来，太简单了。"马斯洛的需求层次理论简单明了、易于理解，与王传福的拆解组合原理非常契合。王传福在人才管理中将马斯洛的需求层次理论运用得非常到位和精妙，体现了"大道至简"的原则。

比亚迪人才管理启示

正如王传福在2022年度股东大会上所说的："对于比亚迪而言，最艰难的时期已经过去了，目前正处于历史上最好的阶段。无论是资金、人才储备，还是未来方向的确定性，我们均处于最好状态。"王传福之所以认为比亚迪的人才储备处于最好状态，是因为公司形成了一个"多元人才结构"。这种人才结构既是比亚迪近30年人才经营的结果，又是持续推动比亚迪行业领先地位的驱动力。

"技术为王、创新为本"，这是比亚迪一直奉行的座右铭。王传福总结说，即使在造车之初受到各界的质疑和反对，比亚迪仍坚定地迈入新能源汽车这一"无人区"，并始终坚持技术创新。在研发投入上，王传福表示，自2002年起，比亚迪开始在动力电池上进行大量投入，2003年则开始了混动技术的研发，至今已经累计投入了上千亿元的资金。在近12年中，比亚迪有11年的研发投入超过了当年的净利润，甚至很多时候还是净利润的3~4倍。王传福称，他清楚地记得，在2017—2019年，比亚迪连续三年净利润大幅下滑，尤其是在2019年，当时公司净利润只有16亿元，但是在研发上，那一年公司还是坚持投入了84亿元。"许多人在笑我们，说这是在烧钱。"说到此处，王传福再度哽咽，"我们深知，要把车造好，要发展新能源汽车，没有核心技术是不行的。"

正如深谙产品和技术创新研发的杠杆原理，比亚迪同样深谙人才管理的杠杆原理。通过CAD人才管理模型，比亚迪进行高绩效的研发人员、管理人员、专业操作人员的批量培养，充分保障了人才蓄水池在数量和质量上支撑公司的高速发展。

运用CAD人才管理模型，比亚迪建立了强大的关键人才内部供应体系，形成了"内生与内循环为主，外招与外循环为辅"的人才格局。以比亚迪汽车的研发人员为例，除了早期引进的个别技术领军人物，研发队伍主要依靠内生和内循环，实现了技术人才的高复用率。同时，通过CAD人才管理模型，外部引进的技术领军人物的优秀经验和思维模式得以萃取和普及，促进了比亚迪研发队伍能力素质的质变。

从最初进入汽车行业时的嘲笑和质疑，到如今创造历史，比亚迪证明了自己的实力。在一路的质疑声中，比亚迪一直坚持技术研发。20年来，比亚迪的研发团队从最初的二三十人增长了两千多倍。技术研发团队已经超过9万人，并拥有六大研究院。现在，平均每个工作日，比亚迪会递交19项专利申请，获得15项专利授权。比亚迪已推出刀片电池、DM混动、CTB电池车身一体化、易四方、云辇等一系列创新发明，比亚迪秦L DM-i续航能力超过2100公里。正是这20年的技术积累，成就了比亚迪如今的厚积薄发。

第五章
十倍创新执行

第一节
执行力的本质

在过去的二十年中,中国管理思潮每年都会涌现出一个热门主题,它们来如流水去如风。有一年,执行力特别受到推崇,尤其是一本书《把信送给加西亚》。这本书被誉为执行力的经典之作,人人皆言值得一读,许多企业几乎人手一册。

《把信送给加西亚》主要讲述了19世纪美西战争中的一个传奇故事。当时,美方有一封具有战略意义的书信,急需送到古巴的盟军将领加西亚的手中。可是加西亚正在丛林中作战,没人知道他的确切位置。在这种情况下,一名年轻的中尉——安德鲁·罗文挺身而出。他没有任何推诿,不讲任何条件,历尽艰险,徒步三周,穿越危机四伏的国家,以其绝对的忠诚、责任感和创造奇迹的主动性完成了这项"不可能的任务",成功把信交给了加西亚。通过这个故事,作者对年轻人提出了5条职业忠告:主动(自动自发的工作习惯)、勤奋(最卓越的工作态度)、责任(优秀员工的第一行为准则)、忠诚(比黄金更重要)、自信(职业成功的核心竞争力)。

很多企业将《把信送给加西亚》中的主人公罗文视作执行力的典范,并强调和培训员工的主动、勤奋、责任、忠诚和自信等要素,希望以此全面提升企业的执行力。实际上,这种执行力培训的效果几乎等同于给员工注入一时的激情,并不能真正实现提升执行力的长远效果。因为执行力的提升是一个系统管理体系建设的工程，不是简单的激情培训就能达到的。

执行力系统指的是贯彻战略意图、完成预定目标的实际操作能力。它是企业核心能力运用的结果呈现方式之一，是把企业战略和规划转化为效益和成果的关键过程。对于战略，必须专注；对于执行，必须坚持。

在企业的实际运作中，执行力不足的问题普遍存在，这往往体现在员工的"5个不"上，即不知道干什么、不知道怎么干、干起来不顺畅、不知道干好了有什么好处、知道干不好没什么坏处。

在对企业执行力不足的原因进行总结之后，我进一步提出了影响执行力的五大因素，如表5-1所示。

表5-1　影响执行力的五大因素

因素	因素分析
明确的目标	对于销售业务线来说，目标明确意味着要落实指标。指标定得准确、能落实，是做预算、定政策、激励考核的基础，是管理中最重要的事
清晰的方法	我们不仅要提出任务，而且要解决完成任务的方法问题。我们的任务是过河，但没有桥或没有船就不能过。不解决桥或船的问题，过河就是一句空话。不解决方法问题，任务的提出也只是徒劳。既然执行层的任务是执行，管理者就应该为其提供具体的操作方法
精简的流程	流程是最佳路径与责权利有效分配的体系。然而，在大多数企业中，流程往往只是一个形式，没有有效的流程体系或流程管控体系
有效的激励	所谓的激励到位有三层意思：力度到位、描述到位和兑现到位。激励的力度要做到市场上有竞争力、员工中有吸引力、公司里有承受力。激励的描述要简洁易懂，最好能够形象化。兑现到位意味着公司必须信守承诺，即使是公司原因造成政策变化，也不能影响业务人员的年度奖金
到位的绩效	考核有效要做到三点：一是考核要真正发挥导向作用；二是避免人为因素的干扰；三是处罚措施要严格执行，不能姑息

企业的执行力如同军队行军打仗，没有好的执行力再好的战略也得不到落实。不要一流的想法三流的执行，宁要三流的想法一流的执行。好的执行力不是靠打鸡血，不是靠天才，而是靠实实在在的管理系统。在影响执行力的五大因素中，流程管理是最重要的因素。

很多人认为，由于任正非的军人背景，华为的管理是军事化管理。但是如果深入研究就会发现，华为的管理实际上是在深刻洞察和尊重人性的基础上，批判性地借鉴了军事化管理的理念和方法。华为在价值创造、价值评估、价值分配的每个环节都充分体现了对人性的尊重，如提出的"不能让雷锋吃亏""把钱分好就等于解决了企业管理的一大半问题"等理念。

在企业管理中，除了持续做好目标体系、策略体系、有效管控、有效激励，最重要的就是设计一个高效的流程系统。利用流程的秩序性、精确性和时效性可以有效对抗人性中的惰性，对抗外部环境的不确定性。

执行力 = 速度 + 精度 + 准度

执行力的公式是：执行力=速度+精度+准度。流程体系是执行力得到保障的第一性原理。

"时间就是金钱，效率就是生命。"——20世纪80年代中国最具改革精神和影响力的口号之一，曾被评为十大振奋中国人的口号之一。今天，这句口号的巨幅标语牌仍然耸立在蛇口微波山下的绿荫鲜花丛中，"深圳速度"为全世界所赞誉。深圳速度是深圳这块热土上一家家企业、一名名员工高效执行力的最佳写照。在这个快鱼吃慢鱼的时代，缺乏速度的执行将失去竞争力。现在，移动互联技术如此发达，传播手段如此多样，只要比竞争对手早一天推出新产品或者产品和技术创新比竞争对手快一天，就能够借助移动互联传播迅速取得优势，这就是速度的威力，天下武功，唯快不破。

以送信为例，快递公司送件的速度就是公司的核心竞争力。作为中国速递行业中投递速度最快的公司之一，顺丰的"快速度"已经深入人心。顺丰快递创始人王卫曾经说过："顺丰没有红利，只有速度。"顺丰之所以"快"，不仅因为管理有效、飞机众多、快递小哥跑得快，更因为快递业涉及的物流环节复杂，从收件、分拣、打包、运输、派件到配送，每个环节都需要高效顺畅的运作机制来保证顺利完成。如果仅仅依赖人的执行品质，是很难做到高效精准的。顺丰必须依靠强大的自动分拣系统和高效的作业流程，才能兑现其"只有速度"的承诺。

顺丰的快递小哥是系统流程中的关键一环，中央分拣与指令系统是快递小哥的"大脑"，确保快递小哥不出错、有时效。

精度是工程学用语，表示测量结果与真值接近的程度，与误差的大小相对应。误差小则精度高，误差大则精度低。要确保执行的高精度，必须依靠标准化的流程和工具。仅仅依靠员工的主观能动性，无法保证精度。

准度是每一次独立测量的平均值与已知数据真值之间的差距，即与理论值相符合的程度。例如，多次实验结果的平均值接近于已知的数据真值（理论值），可认为数据"准确"，或数据具有"高准确度"；反之，平均值与已知的数据真值差距较大，则表示实验数据不准确，或准确度不高。准度反映的是执行的稳定性，是要保证员工每次的执行效果都是稳定的。如果仅仅依赖员工的主观能动性，则当员工心态、情绪、理解力、技能等方面出现波动时，员工的执行效果就会不稳定。因此，只有通过标准化的流程和工具，才能保证员工每次的执行效果都是稳定的。

比亚迪的流程再造

比亚迪在成长初期，缺乏足够资金购置先进设备。在电池生产领域，一条镍镉电池生产线需要数千万元的投入，而一条配备全自动化设备、全干燥环境的锂电池生产线则需要数亿元。对于当时的比亚迪来说，这样的投资规模是难以承受的。

手机电池主要由电池芯、电源管理芯片和电容组成。通常，手机电池的组装是在自动化生产线上完成的，所需零部件通过供应商采购。然而，比亚迪采取了与众不同的策略，对绝大多数零部件实行自产，用"人海战术"替代了自动化生产线；通过将流程与人力资源相结合，以人力代替了自动化流水线。

比亚迪在手机电池行业成功的根本秘诀就是"通过流程再造把制造完全做透"。流程再造不仅涉及将自动化流水线改造为半自动化，更重要的是，它通过改变相关行业的整个生产体系，实现了生产方式的"比亚迪化"。

在比亚迪的生产车间内，十几条生产线整齐排列，每条生产线长达几十米，前方坐着四五十名熟练的工人，他们手中各持一个夹具，迅速而精准地做着焊接、贴标签等作业。比亚迪拥有上百个类似的生产车间。参观者对此场景感到震撼，他们从未目睹过如此众多的人员共同作业。与此相比，三洋、索尼等手机电池制造商的车间则配备了最先进的自动化生产线，仅需少数工人操作。与比亚迪的生产成本相比，它们要高出许多，单条生产线的成本常常高达数亿美元。由于资金有限，比亚迪不得不采取创新的方法，将自动化生产拆分为多个工序和工位，利用自制设备和成本较低的熟练工人来完成生产任务。这种以"夹具+人工"为特色的生产线，成本仅为100万元人民币，生产出的电池价格比竞争对手便宜一半，同时公司的利润率还比对手高出一倍。

比亚迪这种利用大量劳动力制造高技术产品的方式，是典型的"人海战术"。人多力量大，比亚迪将这种具有中国特色的工业制造模式发挥到了极致。

比亚迪的最大优势在于其固定资产投入极低，相应的折旧成本也极低。例如，比亚迪手机电池生产线的折旧成本可能仅为3%~4%，而像三洋这样的全自动生产线的折旧成本则可能高达30%~40%。正是这种"不按常理出牌"的策略，使得比亚迪仅用7年时间就占据了全球手机电池市场15%的份额，其中镍镉电池产量位居世界第一，锂电池产量则排名世界第二。

在汽车涂装车间，比亚迪采用人工方式将涂料放入设备中，而国外的同行大多依赖全自动化生产线。比亚迪还对生产工艺进行了改进，自行制造半自动化设备，自行分解生产线，并使用自制的测试工具。比亚迪的自动生产线投资仅为国际同行的约5%。

这就是比亚迪引以为傲的"夹具+人工"模式。王传福曾表示："机器+人=机器人，而且成本更低。""夹具+人工"模式的本质在于流程再造，通过优化流程确保了比亚迪数十万名产业工人的高效执行力。这种模式与顺丰快递的"中央分拣流程+快递小哥"有着异曲同工之妙。

第二节
执行力提升方法

执行力并非仅仅依赖于员工个人的执行品质。特别是在当前信息化、数字化、智能化高度发展的背景下，员工的工作流程可以通过智能化和可视化设计得到优化。只有在流程管理的基础上，结合对员工执行品质的持续培养，才能真正提升员工的执行力。没有流程管理的执行力提升，就像是空中楼阁，不切实际。因此，本节将重点介绍流程管理的二二五六模型。

流程管理的二二五六模型

流程管理的核心在于，构建符合企业业务特性的数字化流程，以实现最优路径和组织协同为目标，确保提升企业的效率和效益。

流程管理需要遵循几个重要原则。首先，以客户或市场为导向，确保流程中的活动均为增值活动，满足客户需求，提高客户满意度。其次，追求流程的自动化和连续化，减少延迟和任务传递时间，提升响应速度和效率，降低成本，增强柔性和适应能力。此外，信息化管理是流程管理的重要组成部分，通过先进的信息技术和网络，实现信息共享和实时交流，提高管理效率和公平性。最后，整合化是流程管理的终极目标，实现跨部门、跨职能、跨地区、跨行业、跨所有制、跨企业边界的资源和能力的有效整合及整体集成，以更好地服务市场和客户。流程管理是实现全球内外部人员同频共振的最佳办法。

为了实现上述目标，我设计了流程管理的二二五六模型。其中，第一个"二"代表流程管理的两大核心：最优路径和责权力的有效分配；第二个"二"代表流程管理的两大核心方法：奥卡姆剃刀定律和并串联法；"五"指的是流程管理的五大权力；"六"则指流程管理的六个阶段。

流程管理的两大核心：最优路径与责权利的有效分配

流程管理的第一性原理是实现最优路径与责权利的有效分配。战略确保我们做正确的事，而流程确保我们正确地做事。

在公路运输中，为了最小化运输时间和成本（成本可能包括油耗和费用），需要确定起点和终点之间的最优路径。这条最优路径可能是距离最短的路径，也可能是油耗最少的路径，具体取决于实际需求。在实际应用中，一旦知道了起点和终点，就可以使用最优路径算法来计算路径，这对车辆的行驶具有重要的指导意义。

在企业流程的执行中，必须"以事为中心"。只有以事为中心，才能找到最优路径。很多企业在流程设计和执行过程中，不是以事为中心，而是以人为中心。然而，每个人都有自己不同的偏好和利益关注点，人的情绪也是多变的。例如，今天某位领导可能不高兴，明天某位领导可能将某件事与流程中的事项关联起来，表现出情绪化。因此，以人为中心的流程永远无法找到最优路径。只有以事为中心，根据业务逻辑，按照责权利一致性的原则让流程运转起来，才能找到最优路径。

在管理咨询的实践中，我遇到了这样一家企业，他们在样品开发过程中面临诸多问题。客户期望能迅速获得样品，最好在三四天内就能交付，但实际上样品往往需要超过两周时间才能交给客户。这导致客户频繁投诉，公司管理层对此感到不满，样品开发部门也意识到了问题的严重性。

然而，样品开发部门并没有真正着手解决问题。他们认为，虽然业务不佳有自身的原因，但主要问题在于其他部门。例如，物料采购工程师未能及时采购所需物料，导致时间延误；客户需求不明确，导致样品制作出来后不符合客户要求，需要重新制作；业务员未能及时安排送样等。总之，样品开发部门总能找到外部原因。这导致在制定业务规则和分配资源时，样品开发部门并未发挥其应有的关键作用。尽管样品开发的流程文件是由样品开发部门编制的，文件也规定了其他职能部门需要完成的工作，但样品开发部门缺乏推动执行的权力，工作的推进更多依赖于研发工程师的个人能力和人际关系。此外，公司的绩效考核制度也存在问题，并不是主要以业务绩效为考核标准的。研发工程师的工作表现与其岗位收入没有直接联系，公司支付给他们的薪酬主要是基于岗位而非业绩。

最终，这种责权利不一致的情况导致了流程执行上的混乱。

迈克尔·哈默，流程再造的代表人物，在其提出的流程再造原则中强调了"要让利用流程结果的人执行流程"，这体现了流程的责权利一致性。所谓"利用流程的结果"，意味着享受相应的权力，并承担执行流程的责任，正如华为所倡导的"业务主管是流程管理的第一责任人"。在流程再造中，要实现责权利一致性，可以采取以下措施：

第一，明确职责范围。需要明确每个业务领域或业务角色的职责范围，以及相应的权限和职权范围，并与职能部门和岗位相匹配。在流程设计中，要将职责范围考虑进去，并确保流程相关的职责与职权范围相匹配。同时，还需要考虑职责交叉和流程间的协调，以确保流程执行的高效性。

第二，制定标准流程。为了确保流程的规范化和一致性，需要制定包括步骤、职责、时限等在内的标准流程。标准流程的制定需要考虑业务角色的职权和职责范围，确保每个角色在流程设计中有明确的职责和权限。此外，还需要定期审查和更新标准流程，以适应业务发展和环境变化。

第三，明确决策程序。在流程中，需要明确各级决策者的职责和权限，确保决策的合理性和有效性。决策环节应根据具体业务场景进行设置，对于复杂或风险高的环节，可以设置多级审批或审核机制，并制定相应规定和标准。决策程序需要体现职责和职权范围，确保决策者具备必要的权力和责任。

第四，建立激励机制。在流程设计中，需要明确业务绩效管理的标准和要求，将业务绩效与个人收入直接挂钩。企业应对业务负责人的业务绩效进行考核，业务负责人则对各业务活动环节的绩效进行考核。

第五，建立监督机制。需要建立流程执行的监督机制，考虑职责和职权范围，确保监督者具备必要的权力和责任。同时，制定监督规范和标准，定期进行监督和检查，及时发现和纠正问题。

流程管理的两大核心方法：奥卡姆剃刀定律与并串联法

奥卡姆剃刀定律（Occam's Razor），又称"奥康的剃刀"，是由14世纪英格兰的逻辑学家、圣方济各会修士威廉·奥卡姆（William of Occam，1285—1349年）提出的。该定律的核心是"如无必要，勿增实体"，即"简单有效原理"。

复杂性容易使人迷失方向，只有通过简化，才更便于人们理解和操作。随着社会和经济的发展，时间和精力成为人们越来越稀缺的资源，管理者的时间尤其宝贵。许多管理者虽然终日忙碌，却鲜有成效，主要原因在于他们缺乏简单管理的思维和能力，无法区分"重要的事"与"紧迫的事"，最终成为低绩效或失败的管理者。从这个角度来看，管理的本质就是简化，简化才意味着对事务的真正掌控。

对于组织在目标设定与执行过程中因各种原因出现的目标曲解或置换，有一个根本的解决之道，那就是"无情地剔除所有累赘"。这正是奥卡姆剃刀定律所倡导的简化法则：保持事物的简单化是应对复杂和烦琐的最有效方式。

流程设计同样遵循这一法则。在设计流程时，不应增加不必要的审批环节，一切都应回归到业务的根本逻辑。华为对流程的要求是"每增加一个流程节点，必须减少两个流程节点"，以确保流程是最优路径，从而提升效率。

如果说奥卡姆剃刀定律解决了流程设计中的空间精简问题，那么串并联的衔接转换则解决了流程设计中的时间问题。

"串联"与"并联"是物理学中的概念。串联指的是将电路元件依次首尾相连；并联则是将两个或多个同类或不同类的元件首首相接、尾尾相连。在串联电路中，只有一条路径，一旦某个环节出现问题，整个电路都会受到影响。相比之下，并联电路具有多条并行路径，即使某一条支路中断，也不会影响整个电路的正常工作。

近年来，机关单位中掀起了一股"并联"审批的政务改革热潮。以往，企业参与境外并购，需要经过发改委立项、商务部核准、外汇局审批、银行换汇等一系列"串联"流程，即使一切顺利，也需要三四个月的时间。中关村国家自主创新示范区积极探索，在某些审批流程上进行优化调整，将"串联"改为"并联"，多个部门集中在同一平台进行"并联办公"，彻底改变了过去"层层审批"和"每个部门都要跑"的局面。"串联"改"并联"也是上海的一个重要改革经验。例如，上海开发建设了建设工程联审共享平台，实现了多部门数字化"多图联审"。通过将"串联"改为"并联"，实现了一点接入、一窗办结，显著降低了办事成本，提升了服务质量和速度，这正是典型的"流程再造"。

在数字化技术高度发达的今天，流程的并联化变得更加容易实现。

流程管理的五大权力

流程管理的五大权力包括执行权、审核权、审批权、知情权和审查权。执行权是指在流程获批后，有权执行和实施流程。通常情况下，发起流程的人自然拥有执行权。审核权是对流程的意图、目的、合理性等进行全面审查和核实的权力。审批权是对流程的意图、目的、合理性、执行状态进行审查，并做出批准的权力，它是执行流程的最终权力。知情权是获得流程的意图、目的、执行状态等相关信息的权力。审查权是根据法律、法规、规章制度对流程的意图、目的、合理性、执行状态进行全面审查，并确认其是否合规合法的权力。

在流程设计与实施过程中，常见的问题是对流程权力的区分不清晰，导致职责不明和相互推诿。具体表现如下：

第一，爬部门墙。由于流程中的执行权、审核权、审批权、知情权、审查权不能有效分配和使用，导致同一流程中的各种权力被重复实施。例如，用人部门要招聘一名员工，先是在用人部门内部从专员到总监走流程确认用人需求，然后在人力资源规划部门从专员到总监走流程确认有编制，接着在招聘部门从专员到总监走流程确认是否在招聘计划内，最后还需要由人力资源总负责人审核，由用人部门总负责人审批后才能执行招聘。这是一个典型的爬部门墙的例子。实际上，这个流程只需由用人部门的文员发起，由人力资源规划部门的专员确认是否符合编制规划，由招聘部门的专员确认是否在招聘计划内，然后由用人部门总负责人审批即可。其他部门的负责人及相关人员只需行使知情权即可。

第二，所有关系人都参与流程审核，但无人对流程的最终执行结果负责。严格来讲，每个流程都应有一位对应的流程拥有者（Owner）。流程拥有者是流程的真正"主人"，在满足公司业务需求和管理要求的基础上，拥有对流程的完全"控制权"和"决定权"。流程拥有者一般应来自流程所服务的业务部门或管理部门，即谁管理谁负责。通常建议由业务骨干担任流程拥有者，因为他们熟悉业务需求，由他们负责梳理的流程才能真正满足业务要求。例如，"合同审批流程"的流程拥有者应由法务部或合同管理部的员工担任，由他们负责梳理合同审批流程的需求，体现公司合同管理的规范和要求；"财务付款流程"的流程拥有者应由财务部的员工担任，因为他们最了解付款业务的管理要求；"销售管理流程"的流程拥有者应由销售管理部的员工担任，由他们制定销售过程管理规范和绩效指标。

简单来说，由业务部门员工担任流程拥有者，即"自己负责自己的流程"，这有助于流程的实施和持续优化，也能提高业务部门对流程管理的配合度。

第三，滥用审查权。许多企业的审计监察部门在流程中滥用审查权。以采购为例，这是一个敏感的工作，许多企业的审计部门作为采购流程的一个节点，深度介入采购工作，如参与供应商的评选、询价和定价等。然而，由于审计人员在采购方面的专业性不足，他们深度介入采购工作可能会影响采购工作的效率和效果。审查权通常应在事后通过对事件的全流程回溯进行审查，或在事中以抽样的形式进行审查，而不应作为业务流程的一个节点深度介入业务执行过程中，以免造成"猫鼠同窝"的不良现象。

流程管理的六个阶段

抽象化、简化、标准化、半自动化、自动化、智能化是流程管理的六个阶段，如图5-1所示。

抽象化 ▸ 简化 ▸ 标准化 ▸ 半自动化 ▸ 自动化 ▸ 智能化

图5-1 流程管理的六个阶段

（1）抽象化：在流程管理的初期，流程管理是将业务实际发生过程中的步骤抽象成流程图，形成最基础的流程示意图。

（2）简化：对初步抽象出的业务执行流程图进行逻辑验证，以进一步简化。此时，开始着手流程的规划与检讨，目的是发现并实现流程的最优路径。这是流程管理的起始阶段。

（3）标准化：确保所有团队都能按照简化后的流程进行标准化执行，以此提升业务管理的规范性与管理效率。这样做的目的是确保不同团队能够复制业务成功，从而持续扩大并强化企业的规模。这是流程管理的标准化阶段。

（4）半自动化：自动化是流程管理落地的有效手段。企业在推行流程管理后，需要迅速跟进信息化建设，利用信息化系统和平台来实施流程，以信息化手段提升业务管理能力。由于线上流程与线下流程存在差异，立即全面自动化可能会让许多人不适应，并且使得线下流程难以一步实现线上迁移，这也是许多企业出现线上线下流程不一致现象的原因。因此，在流程信息化过程中，可以先实现半自动化，将能够直接迁移到线上的部分先行转移，再逐步处理线下接口问题。

（5）自动化：当业务流程、信息化和数字化的基础建设足够成熟时，企业业务管理可以进入自动化阶段。利用信息化和数字化系统构建的运营体系，使业务能够按照预设流程自动运行，从而进一步提高业务管理效率。

（6）智能化：随着人工智能（AI）技术的发展，AI作为新兴生产力，有潜力将企业业务管理推向智能化阶段。基于AI的智能化业务管理和智能决策，将为各行业带来全新的业务管理模式。AI能够在业务开展的多种路径中识别并智能化执行最优路径，这将极大地促进企业业务管理的快速发展。

在数字化与智能化浪潮汹涌而来的今天，流程化无疑是企业管理迈向数字化的基石。确切地说，缺乏管理的流程化，管理的数字化便如同空中楼阁，难以稳固立足。流程化已经成为企业业务管理发展中不可或缺的关键环节，而流程管理更是推动业务流程化的核心动力。因此，企业必须对流程管理给予高度重视，并适时推动其在企业内部的全面深化实施，从而为企业业务管理的持续发展提供源源不断的强劲动力。

第三节
执行力大帅

案例一：从零到世界领先，仅用两个月

在疫情初期，口罩一度成为稀缺资源，一罩难求。那时，许多人费尽心思也难以购得一个口罩，即便有幸购得，价格也往往高得离谱。据统计，当时全球每天的口罩产量大约仅为2亿个。而比亚迪，一个拥有22万名员工的企业，每天至少需要22万个口罩来满足内部员工的日常需求。当时，中国每天的口罩产量相对有限，若非比亚迪自行生产，恐怕连满足

自身员工使用都颇为困难。2020年大年初二，比亚迪董事长王传福正在国外出差，一个问题萦绕心头：复工复产怎么办？从这一天开始，王传福开始每天与主管人员开视频电话会议，研究能否按时开工生产。1月31日零点，王传福在企业高管群发了一条消息：比亚迪必须快速生产出口罩，疫情当前，我们有这个社会责任。同时也为了自己复工使用。讲完这些他还承诺，两周内能搞出口罩的事业部，将获得总裁奖。

做口罩虽然需要一定技术，但相比制造汽车和电池则简单多了。为赶时间，王传福当时指定了一位事业部总经理负责制定口罩生产的全套流程与标准作业手册（Standard Operating Procedure，SOP）。事业部总经理亲自带领比亚迪最好的一批工程师，3天内就制定了400多张口罩生产设备图纸，7天内搞出了比亚迪的第一台自研口罩生产设备。要知道，口罩机有大大小小的1000多个零部件，其中90%以上都是比亚迪自己制造的，而不是购买别人的零部件自行组装，甚至连口罩生产的材料也可以自产。10天后比亚迪生产出了第一个口罩。

在短短3天内，比亚迪绘制了400多张设备图纸，展示了其高效的工程设计能力。7天内，他们成功研发并制造了口罩机，再次证明了其拆解组合能力。而在接下来的不到30天里，比亚迪更是令人震惊地建成了100条口罩生产线，从而意外地成为全球最大的口罩供应商之一。这一系列成果，展现了比亚迪在挑战面前的执行能力和创新能力。

随后比亚迪的口罩产量不断提高，从日产500万个增至日产1000万个，随后更是不断攀升。这个时候比亚迪已经不仅可以满足自己的需求，还可以供应给国内各个城市。在国内疫情稳定之后，比亚迪的口罩又开始出口。在高峰期，比亚迪的口罩日产量达到了1亿个。疫情发生之前，全球口罩日产量才约2亿个。疫情发生后，比亚迪口罩日产量就达到了1亿个。

两个月内成为世界第一，不仅表面上显示了比亚迪强大的执行能力与制造灵活性，而且更深层次代表了比亚迪掌握的以拆解组合原理为基因的强大流程再造能力与制造组织能力。这种能力能在短时间内实现业务规模的"爆破",抢占市场先机。口罩业务带来的近20亿元的伴生利润也是比亚迪十倍创新执行力的最好证明和回报。这也诠释了"执行力=速度+精度+准度"的本质。

案例二:A集团集中采购流程再造项目

A集团的采购部门经历了多次组织变革:从各事业部独立采购,到集团统一管理采购事务,再到目前实行的集团集中采购与事业部分散执行相结合的采购模式。A集团采购体系的集团集中采购流程化再造与IT化项目具体包括七个子项目:采购战略重新设计、采购组织重新设计、采购品类优化、供应商管理优化、采购流程再造、采购人员训练与考核,以及采购体系整合。本文仅对采购流程再造这一子项目进行简要介绍。

A集团自2004年起全面引入了办公自动化系统(Office Automation,OA)、企业资源管理系统(System Applications and Products,SAP)、供应商关系管理系统(Supplier Relationship Management,SRM)等,构建了完整的IT系统。然而,在流程与信息化建设的同时,采购业务团队的整体理念未能与时俱进(几乎没有人员能完整对接IT系统的变革),导致在采购的IT流程中,仅使用了执行层面的流程,而管理层面的流程(如策略管理、供应商管理、市场价格管理等)几乎未被使用。采购流程涉及SRM系统、OA系统、SAP系统,约有1/3的流程存在线下操作与线上管理不一致的问题,使得流程建设与IT建设的成果未能充分发挥效果,采购流程管理亟待改进。

采购流程再造项目组对采购系统进行了全面变革,包括采购战略设计、采购策略设计、集中采购组织变革、物料标准化管理、共有市场管理、四分法管理、供应商准入管理、供应商评价管理等。变革后的业务需要通过流程具体落实,以巩固前期采购咨询项目的成果。

采购流程再造的目的主要有两个：首先是提升效率，通过线上流程打破时空限制，将个体连接成团队，实现组织效率的同步提升。其次是有效管控，通过线上流程规范采购作业，沉淀数据，有效管理采购风险。

采购流程管理存在以下四大主要问题：

（1）IT流程与业务脱节，多个流程没有实际落地执行；核心业务流程没有实现IT管控，导致出现线上线下"两张皮"、天上与地下"两张皮"的问题。

- 部分IT流程不切实际，没有得到有效执行，如供应商绩效评估流程。
- 当采购流程涉及SRM系统、OA系统、SAP系统时，约有1/3的流程存在线下操作与线上管理不一致的问题，使得流程建设与IT建设的成果未能充分发挥效果。
- 部分线下业务仅做了流程指导，或仅在线上做了审批记录，缺乏实质性的线上IT管控。
- 在采购IT流程中，仅使用了执行层面的流程，而管理层面的流程（如策略管理、供应商管理、市场价格管理等）几乎未被使用。

（2）流程中的执行权、审核权、决策权、知会权、审查权交叉混杂，缺乏对各项流程权力的明确界定。

- 流程中层层审批，效率低下且缺乏管控，看似人人都参与审批，实则无人对结果负责，形成了"三个和尚没水喝"的局面。
- 决策权没有遵循"谁负责谁决策"的原则，多个流程涉及多层审批决策，导致无人承担决策责任。
- 审查权不应参与实际业务，审计部门直接参与业务审核，不符合审计的监察职能。

（3）部门墙现象严重，部门内部需层层审核后才能转至其他部门，再经部门领导审核后才能继续执行。

- 跨部门执行应以解决问题为导向，业务上下游应尽可能直线连接，只有在执行人员无法处理时，才需上升到上一级领导，无须涉及各层级领导。

（4）流程执行缺乏监督管控，对于因不及时处理而导致流程延误业务的现象，没有相应的管控机制。

- 缺乏流程的责任人，未能实现流程的定期检视和优化。
- 由于缺乏整体的流程意识和流程管理原则，业务部门在长期的流程执行过程中，多次进行流程节点变更和权限变更。

针对上述四类主要问题，流程再造小组提出了具体的解决方案。

（1）针对"天上与地下'两张皮'"的问题，解决方案如下：

- 针对实际发生的业务全面重新规划流程地图，将原有不适用的IT流程修订为更贴近实际业务需求的流程，以实现线上线下的有效融合。
- 对于尚未实现线上流程管控的线下业务，绘制新增流程图，并将需求提交给IT部门，要求在规定期限内将业务需求开发成流程，并交由业务部门执行。
- 为每个流程设立流程责任人，负责流程的定期检查和优化，并将业务需求提交给IT部门。

流程再造示例——线上线下脱节，如图5-2所示。

（2）针对"五权交叉混杂，三个和尚没水喝，猫鼠同窝"的问题，解决方案如下：

- 明确流程的审核责任人，区分审核与知会的不同；如果是知会，则不应在主流程节点上设置；一旦设置审核节点，审核即意味着责任，出现问题时必须进行问责。
- 对于确实需要多节点审核的情况，应由串联审核改为并联会审，以此提升流程效率。
- 对决策权进行分级，对采购副总、分公司总、总经理、董事长等应根据级别授予适当的决策权，减少不必要的主次不分现象，如在价格审批流程中。

- 审查权不应参与实际业务流程中，以避免"猫鼠同窝"的情况，如在价格审批、合同审批等环节。
- 加强培训，确保每个人都深入理解各项流程权力的必要性，并实行"加一节点必减两节点"的原则，防止出现"三个和尚没水喝"的现象。

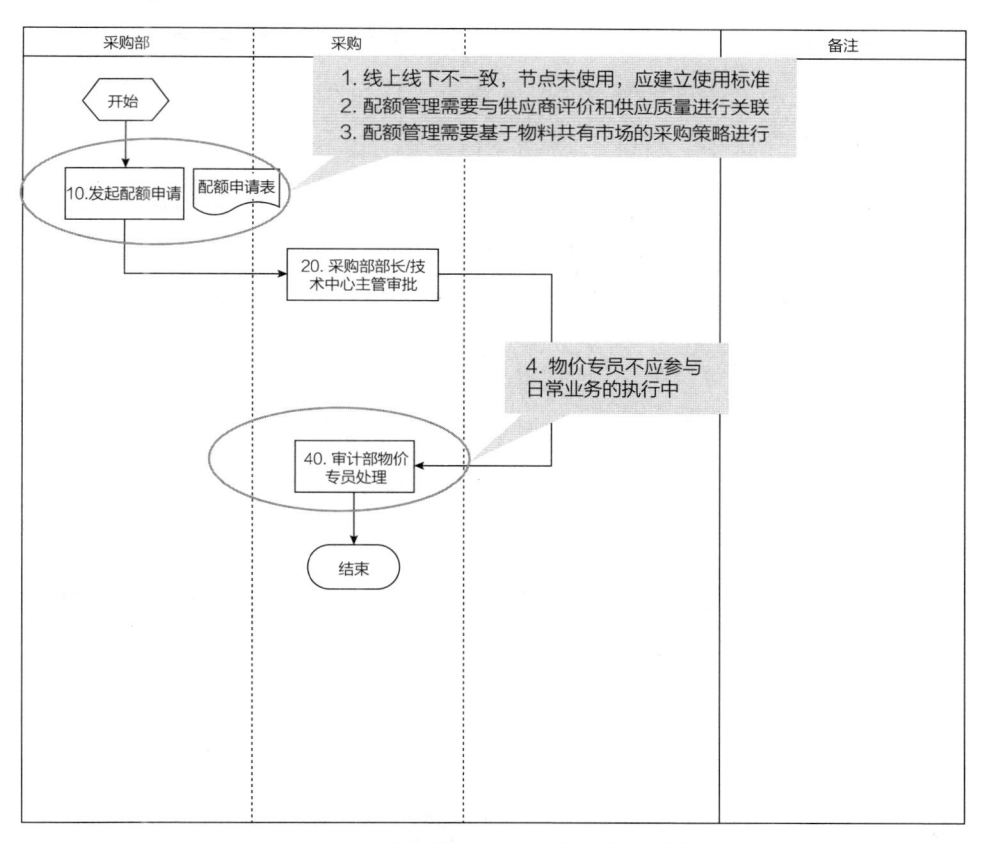

图5-2 流程再造示例——线上线下脱节

（3）针对"部门墙严重"的问题，解决方案如下：

- 如果某个节点属于实际业务流程的上下游，而领导仅是知情而非审核，应直接取消其审核节点。这样可以使得跨部门的业务执行更加直接，提升作业效率（如质量管理流程）。

- 跨部门执行应以解决问题为导向。只有在执行人员无法处理的情况下，才需要上升到上一级领导，而无须逐级上报至各层级领导。
- 部门各级领导应更多地关注对部门业务的监管和指导。只有在超出基层执行权限范围的情况下，才应按层级介入。

（4）针对"流程节点的处理无监督管理机制"的问题，解决方案如下：

- 制定明确的耽误标准，若流程节点负责人耽误流程，未能及时处理，应予以处罚，以确保流程的及时处理，提升作业效率。

在上述解决方案的大框架下，A集团本次采购流程再造项目共对35项采购流程进行了再造、优化、新增及规范化。这极大地提升了A集团采购部门的执行力和效率，从而进一步提高了A集团供应链管理的能力，为A集团业务的快速扩张提供了强有力的支撑。

从A集团采购流程再造项目的实施过程中，我们可以看到A集团基本上是遵循流程管理的二二五六模型进行的。

第一，建立流程再造项目管理框架（见图5-3）。

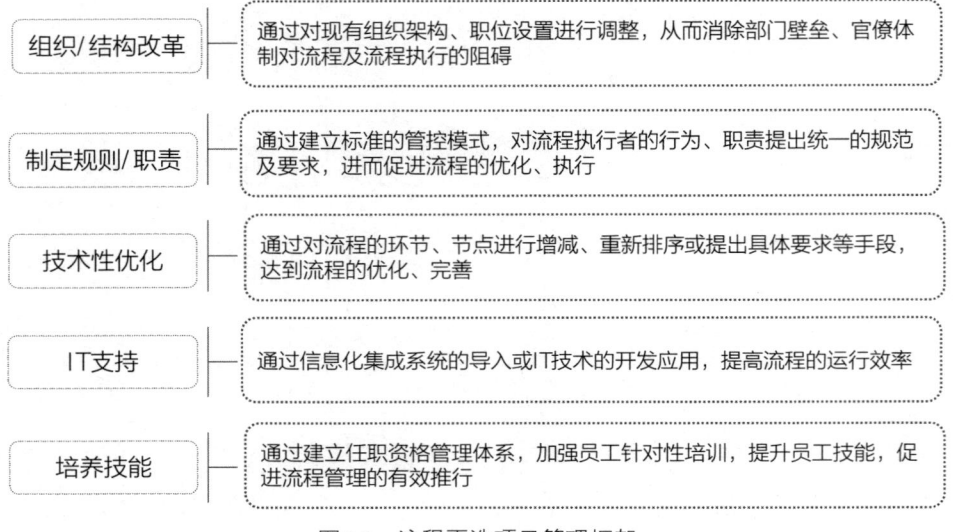

组织/结构改革	通过对现有组织架构、职位设置进行调整，从而消除部门壁垒、官僚体制对流程及流程执行的阻碍
制定规则/职责	通过建立标准的管控模式，对流程执行者的行为、职责提出统一的规范及要求，进而促进流程的优化、执行
技术性优化	通过对流程的环节、节点进行增减、重新排序或提出具体要求等手段，达到流程的优化、完善
IT支持	通过信息化集成系统的导入或IT技术的开发应用，提高流程的运行效率
培养技能	通过建立任职资格管理体系，加强员工针对性培训，提升员工技能，促进流程管理的有效推行

图5-3 流程再造项目管理框架

第五章 十倍创新执行

第二，依据二二五六模型制定相关操作规则（见图5-4）。

本次流程优化设计中建立的规则/职责：

● **标准模式**

✓ 三级管控模式：流程控制层级不超过三个（执行层、审核层、决策层）

✓ 分层决策模式：决策授权给最恰当的决策职位

①分层审批：部分权力采取授权方式下放给最恰当的决策职位

②明确权责：减少和避免一事多人审批的情况，尽量做到审批人唯一

✓ 会签模式：

①尽可能将多部门、多职位的审核采取并行方式：需要讨论的采取会签，无须讨论的采取网签

②会签审核设立关键控制人

● **日毕制度**

✓ 签批工作：当天完成，除特殊情况，不允许拖延至下个工作日

图5-4 依据二二五六模型制定相关操作规则

第三，搭建流程框架，遵照操作规则，逐一实施各项流程的再造与优化，并实现流程的自动化（见图5-5）。

- 流程规划基于整体业务模型进行拆分，分成2个业务单元、12个业务模块、35个流程
- 流程优化基于业务模块进行整体的策略设计，细化到业务流程并进行进一步拆解
- 业务流程结合当前的IT流程进行匹配与优化，优化前后的对比，基于原先的流程图模板进行

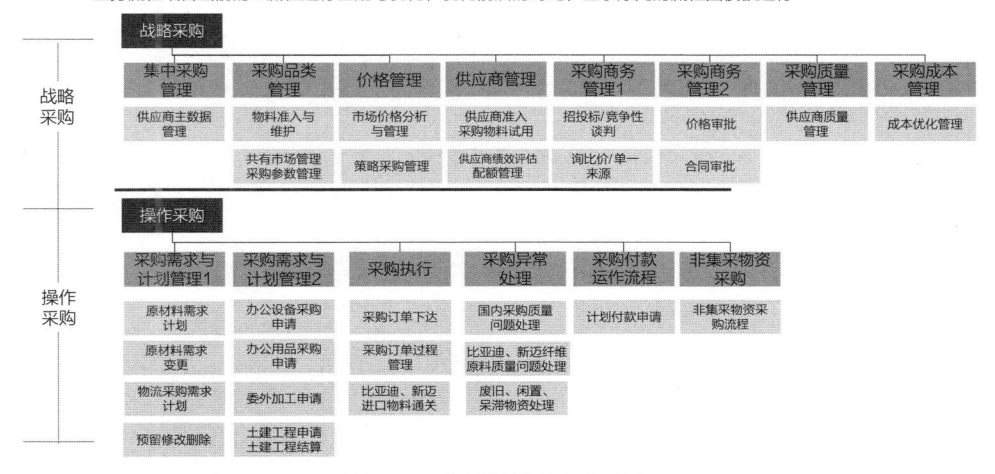

战略采购

集中采购管理	采购品类管理	价格管理	供应商管理	采购商务管理1	采购商务管理2	采购质量管理	采购成本管理
供应商主数据管理	物料准入与维护	市场价格分析与管理	供应商准入采购物料试用	招投标/竞争性谈判	价格审批	供应商质量管理	成本优化管理
	共有市场管理采购参数管理	策略采购管理	供应商绩效评估配额管理	询比价/单一来源	合同审批		

操作采购

采购需求与计划管理1	采购需求与计划管理2	采购执行	采购异常处理	采购付款运作流程	非集采物资采购
原材料需求计划	办公设备采购申请	采购订单下达	国内采购质量问题处理	计划付款申请	非集采物资采购流程
原材料需求变更	办公用品采购申请	采购订单过程管理	比亚迪、新迈纤维原料质量问题处理		
物流采购需求计划	委外加工申请	比亚迪、新迈进口物料通关	废旧、闲置、呆滞物资处理		
预留修改删除	土建工程申请 土建工程结算				

图5-5 A集团的采购流程框架

项目成果如下：

（1）运用集中采购七步法的系统工具，建立了A集团完整的采购管理体系。这是一套国内领先的采购系统，通过建立集中采购体系，一年内取得初步成效，三年内取得显著成效，采购系统达到国内领先水平。

（2）重构公司的采购组织结构，实现了三权分立，将价格与性价比、物料标准管理、供应商管理等采购核心权力透明化，从组织上保障了成本降低和有效协同。

（3）品类管理引入了科学的共有市场概念与四分法（卡拉杰克矩阵）工具，将公司集采的6678种物料整合成105个共有市场，并用四分法定出了系统的采购管控参数与管理方法。将合格供应商从常用的518家整合至约300家，消除了大部分独家供应商，整合了年供货金额10万元以下的供应商（占56%）。规范了招投标及竞争性谈判等的定价策略方法，运用BOM（物料清单）分析法、预期降价定位法、市场及横向价格分析法，预计平均能降本4%~8%，试点期间个别大宗物料降本额达15%以上。

（4）流程管理实现了质的飞跃，从业务实际出发，对流程进行了系统的再造与优化，从"两张皮"到让公司的ERP（企业资源计划）等软件工具真正在采购体系中落地，实现流程效率提升40%以上。

（5）通过前面解决方案的实施，当年集采物料降本空间达到了5%，国内采购库存周转率提升40%以上。通过账期管理优化，每年减少占用资金4.5亿元以上，切实提升了在供应商中的信任度与美誉度。实现采购人员工作效率提升40%，且能切实有效减少各种采购问题的发生。

（6）三年后该项目每年为公司节省采购费用近3亿元，三年累计为集团节省采购款超过5亿元。

第六章
十倍创新文化

第一节
卓越组织的原动力

"江上往来人,但爱鲈鱼美。君看一叶舟,出没风波里。"喜欢吃鱼的人,只知道鱼的鲜美,却不想想捕鱼人的辛劳与汗水,谁能想象"渔者"常常要在风雨中奔波,在波涛中穿行。风波代表了风险与波动,风险与不确定性。正和岛的总编辑陈为说,企业家就是范仲淹诗中的"江上渔者",这正是商人的环境与特质、孤独与宿命的写照。

华为高级顾问田涛,是国内对企业文化与企业家精神研究极深的学者之一,我有很多观点与其不谋而合。他认为,企业家是职业风险者,优秀的企业家始终是热情的理想主义者与冷静的现实主义者的结合:他们拥有理想、不抱幻想,从最坏处着眼、向最好处努力。我认为,真正的企业家是那些既能远望星空,又能脚踏实地,融合了理想主义与现实主义的人。

在理想与现实之间,存在着巨大的不确定性与风险,企业家面临着种种可能随时导致灾难性后果的困难与痛苦。要穿越人生的艰难与痛苦,企业家需要找到真正的心灵归宿,用使命感战胜恐惧,用生命的意义超越个人欲望,在绝望中寻找希望,在平凡中成就伟大。

中国改革开放40多年的波澜壮阔发展史,也是一部中国企业家精神成长的坎坷历程。

在改革开放初期,物质条件极为匮乏。很多企业家创业之初,可能仅出于解决温饱的基本需求,并没有更远大的抱负。随着企业的发展,让企业持续生存下去成为他们生命中唯一的追求。在那个时代，生存的重要性超越了对意义的追求，企业以一种草莽式的方式野蛮生长。那也是一个镀金时代，市场供不应求，企业较易生存，有说法称"撑死胆大的，饿死胆小的"。随着财富的积累，一些企业主因眼界、见识、学识的提升，开始思考企业生存的更深层意义，企业开始从生存驱动向使命驱动转变。

当市场和外部环境相对稳定，市场还处在高速发展阶段时，生存驱动和使命驱动之间的区别并不明显。然而，一旦市场和外部环境发生重大变化，只有那些由使命驱动的组织能够真正熬过漫长的寒冬。正如巴菲特所说，"只有在潮水退去时，你才会知道谁一直在裸泳"。很多生存型企业开始倒闭或关停，而那些拥有使命感、冒险精神和创新精神的企业家，在经历市场的洗礼后，实现了真正的蜕变。

任正非在44岁时创立了华为，经历了无数风霜。他是在走投无路的情况下创建了这家公司。在带领华为的征途中，他历经了重重困难和挑战。在某个时刻，他甚至考虑过出售企业，去追求一种舒适而稳定的生活。然而，他内心深处的冲动和对理想的渴望最终战胜了一切。作为企业的领航者，他始终坚守在波涛汹涌的航程中。

王传福创立比亚迪时，心中既怀揣着改变命运的愿景，也抱有以技术报国的梦想。随着企业的发展，技术报国的使命感逐渐超越了对财富的追求。至今，王传福仍驾驶着比亚迪汽车，与员工一同居住在亚迪村，在参加上海车展时也选择乘坐地铁前往。

与任正非一样，王传福没有沉溺于个人财富的享受，而是沉浸在使命驱动的强大精神力量中。乔布斯有一句非常著名的话："活着就是为了改变世界。"埃隆·马斯克为了新能源事业和火星移民的宏伟目标，展现出了强大的使命感，这种力量足以突破所有障碍。在这种内在的精神力量面前，一切外在的困难和挑战都显得微不足道。

每个人都有其与生俱来的使命和意义，正如王阳明所说"本性自足"。然而，很多人在人生旅途中忘记了内在的本性，转而去追求外在的表象。这就像我们为了喝到鲜美的肉汤需要用勺子，但因为习惯了使用勺子，最终却只关注勺子而忘记了我们真正需要的是鲜美的肉汤。

柏拉图在《理想国》中将世界分为现象世界和实在世界。现象世界是由可见事物构成的，而实在世界则是由不可见的理念组成的。在现象世界中，太阳是主导；在实在世界中，理念才是主宰。理念是具体事物的本质，实在世界决定了现象世界。正如《金刚经》所说："凡所有相，皆是虚妄；若见诸相非相，即见如来。"

奥地利伟大小说家、诗人、剧作家和传记作家茨威格在《人类群星闪耀时》中写道："一个人生命中最大的幸运，莫过于在他的人生中途，即在他年富力强之时，发现自己的使命。"有抱负的企业家都会努力寻找自己和企业的使命，并铸就坚定的信念。然而，确立使命需要勇气。当企业家在组织中发现使命后，他本人首先必须具备强烈的使徒精神。什么是使徒精神？《使徒行传》对此有明确的描述：使徒是拥有使命的信徒。使徒精神的核心是传播与牺牲。使徒精神就是不断传播使命，至死不休的精神。企业家的使徒精神就是通过产品不断传播其使命，至死不休的精神，这正是企业文化与企业家精神的第一性原理。

马克斯·韦伯在他的著作中为我们描绘了这样一群企业家：他们不仅是勤勉的自我奋斗者，还是推动社会化大生产理性化的组织者。这些企业家普遍保持警醒和自觉，严格自律，乐于奉献，他们使用工业化的产品传播自己及企业的使命，是至死不休的殉道者。对于真正的企业家而言，使命不仅是为了盈利，更是为了赋予自己和组织一种具有存在意义和行为准则的精神信念。使命界定了何种财富可以追求，何种则不可。使命不是做给他人观赏的，它首先是自己内心栖息之所。只有当使命被真正内化于心时，才能激发团队的凝聚力与向心力，促进企业的持续发展。相反，那些唯利是图、将赚钱视为首要的企业家，可能因缺乏清晰的使命和价值观，导致企业轻则发展受阻，重则遭遇严重的社会危机，甚至走向衰败。

使命是企业家内心的灯塔，指引着企业和团队不断前行。它源自企业家对商业本质的洞察。尽管每家企业都有其独特的经营逻辑，但成功企业的使命内涵是相通的。华为的使命是"丰富人们的沟通和生活"；谷歌的使命是"整合全球信息，使人人皆可访问并从中受益"；沃尔玛的使命是"给普通百姓提供机会，使他们能与富人一样买到同样的商品"；华朗咨询的使命是"用创新成就中国最杰出的企业"；而我的使命是"一切为了提升生命的效能"。

伟大的企业家通过优秀的产品造福人类。

亨利·福特通过T型车塑造了"轮子上的美国"，他去世时，被与美国最伟大的总统林肯相提并论；乔布斯重新定义了手机，使其成为数字时代的入口，他去世后，赢得了罕见的全球性持续哀悼和纪念。如果马斯克真的实现了将人类移民火星的梦想，他将获得何种荣誉呢？

企业家以产品为媒介，跨越人生的界限，以苦为乐，获得新生。这是一种既活在当下，却又联于永恒的生命活力。

企业家之所以能在世俗社会中获得极高的声望和敬仰，主要是因为他们能够唤醒和激发员工的潜能，超越想象，通过产品向消费者传递爱与尊重，并极大地扩展人们的行动自由和想象力的边界。

商业是理性与感性的结合。企业家以制造优秀产品为职责，一流的企业家是人性的导师，他们用爱与美的人文理念和实物激发共鸣，抚慰人心。乔布斯曾说，他站在科技与人文的交汇点上。卓越组织的原动力正是这种使命感，它推动着组织创造出震撼人心的优秀产品。优秀的产品不仅造福人类，还持续推动组织的创新。这种生生不息的循环，或许正是任正非所说的"资源都会枯竭，唯有文化生生不息"的原因。

第二节
企业文化建设的模型

在繁华的商业世界中，企业家如同智慧的画师，用其独特的思想和远见，绘制出企业文化的绚丽图景。他们不仅是商业战场上的指挥官，更是塑造企业文化的艺术家和传道者。

企业家凭借深邃的洞察力捕捉时代脉搏，将创新的种子播入企业的土壤。他们深知，企业文化并非一成不变的教条，而是一种生生不息、与时俱进的力量。企业家正如杰出的牧师，他们通过自己的言行，将企业文化的精髓传递给每个员工，使之成为团队精神的灯塔，引领企业航向成功的彼岸。

在企业家的引领下，企业文化如同一股潜流，悄然影响着每个员工的思想和行为。它不是空洞的口号，而是实际的行动指南，激发员工的创造力和团队的凝聚力。企业家通过实践，使企业文化在企业中生根发芽，茁壮成长。

企业家追求的不是昙花一现的辉煌，而是长远的繁荣。他们如同制造时钟的工匠，精心设计企业的机制和流程，确保企业在变幻莫测的市场中稳健前行，持续创新。他们明白，只有建立一套能够自我运转、自我完善的体系，企业才能在时间的长河中不断进化，永葆生机。

在企业家的心目中，企业文化是企业的灵魂，也是推动企业持续发展的动力源泉。他们投入智慧和热情，培养出独具一格的企业文化，使之成为企业最宝贵的资产。这种文化，像一股无形的力量，鼓舞着每个员工，团结着整个团队，激励着企业向着更加辉煌的未来，勇往直前。

在企业文化建设方面，我整理了众多实用的模型与工具，其中最基础的是企业文化建设的一二三四五模型，现简要介绍如下。

一个概念：什么是企业文化

让我们从一个小故事开始：在某个建筑工地上，三位石匠正在做相同的工作。有人走向他们，询问他们在做什么。第一位石匠抱怨地说："我在这里汗流浃背地劳作，每天敲打这些石头，真是辛苦。我不过是个普通的石匠。"第二位石匠显得有些兴奋，说："我在这里雕刻石头，创作美丽的雕塑。我热爱我的工作，因为我能够展现我的艺术才能。"第三位石匠站起身，满脸自豪地说："我在这里建造一座庄重的庙宇。这些石头将用于人们的祭拜和敬仰。我正在帮助人们寻找内心的安宁与慰藉。"多年以后，这三位石匠的成就截然不同。

第一位石匠将工作看作一项辛苦的劳动，缺少对工作的热情。第二位石匠更重视自己的技艺和表现，但仍将工作视为个人的艺术创作。而第三位石匠的态度则有所不同，他将工作看作对社会的贡献，并为此感到骄傲。他明白自己建造的不仅是庙宇，更是为人们提供精神寄托和内心平静的地方。他将自己的工作与他人的需求和精神追求联系起来，理解了工作的真正意义。

企业文化是企业的灵魂，是推动企业发展的不竭动力。它包括企业使命、企业愿景、核心价值观、企业精神、道德规范、行为准则、企业制度、文化环境和企业产品等。其中，使命、愿景和核心价值观构成了企业文化的核心。

在晁盖的领导下，梁山好汉不过是一群没有共同灵魂和价值观的乌合之众。宋江加入后，提出"替天行道"的口号，梁山因此获得了灵魂，即便是盗贼也有了遵循的道义。

两个原则：企业文化的"双高"原则即高认同、高绩效

心理学上的认同指的是，个人的自我认同与其所属群体存在依赖关系，或者说个人在情感上与所在群体有着紧密的联系，从而接受群体的某些观念、态度或行为方式。企业文化建设看似抽象，但其最精妙之处就在于培养这种认同感和归属感。

企业文化可以通过员工使用的语言、象征性事物及其含义、企业内部的仪式、企业提供的奖励以及获得这些奖励的个体（被视为英雄）来体现。然而，最关键的是建立认同感。参与带来认同，认同产生成就，成就带来归属。由于使命和价值观具有内在性，它们对此如何深入员工内心、如何被员工接受，如果脱离了员工的行为表现，我们对此很难进行判断和评估。因此，员工参与企业工作和活动的行为是企业文化建设的核心指标。

行为对绩效的影响非常直接。从心理态度到行为表现，并不是一个直接的过程，而是受到多种因素的影响。在工作中，恰当的行为会带来良好的结果，而不恰当的行为则可能导致问题。在绩效领域，并非态度决定一切，而是行为或行为模式在很大程度上决定了绩效的实现。如果员工的态度和价值观与岗位要求相符，他们更有可能展现出相应的行为；如果不符，他们需要改变和调整自己的行为，尽管这可能带来不适，但这是最有效和直接的方法。

职场活动本质上是一个行为管理过程，涉及行为的强化、调整和固化。人们常常通过观察一个人的行为来判断其是否符合岗位工作的要求。在很多情况下，即便员工在态度和价值观上与企业环境或岗位要求不完全一致，但为了在职场中生存，他们往往会首先从改变自身的行为入手。当这种行为经过强化并逐渐固化后，个体的态度或价值观可能会逐步与企业环境或岗位要求相匹配，这种现象被称为高认同，也是价值观变化的一般规律。

第六章 十倍创新文化

要让员工对企业文化产生高度认同，关键在于将核心价值观具体化为行为，明确哪些行为是企业核心价值观所倡导的，哪些行为是必须被杜绝的。心理学研究显示，通过强化和激励来影响行为，可以显著提高这些行为的发生频率，而惩罚的效果通常不如激励。因此，最有效的方法是明确描述与企业价值观一致的行为，并努力促使大家认同并付诸实践。

一旦核心价值观被具体化为行为，就可以通过"宣讲奖惩"的模式，对这些与核心价值观相关的行为进行宣传、讲解、激励和必要时的惩罚（原则上应以奖励为主，惩罚为辅）。

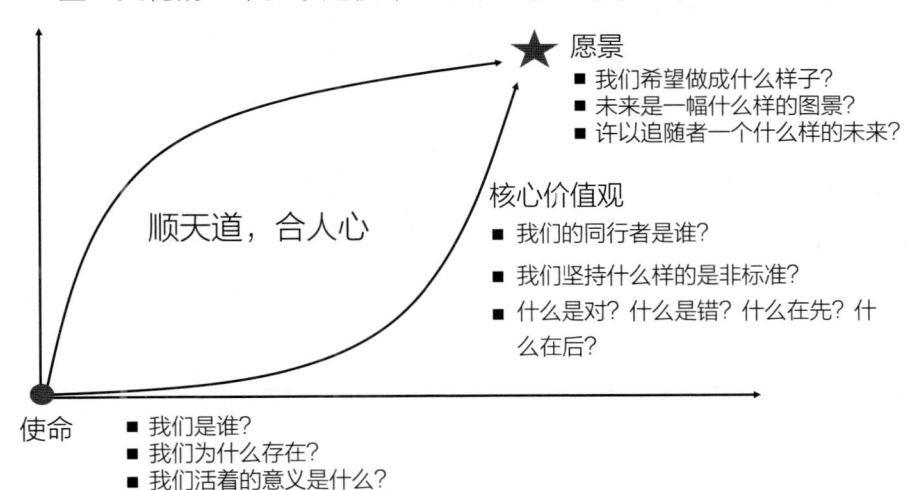

三个要素：企业文化的三个要素

企业文化的三个要素是使命、愿景、核心价值观，如图6-1所示。

愿景
- 我们希望做成什么样子？
- 未来是一幅什么样的图景？
- 许以追随者一个什么样的未来？

顺天道，合人心

核心价值观
- 我们的同行者是谁？
- 我们坚持什么样的是非标准？
- 什么是对？什么是错？什么在先？什么在后？

使命
- 我们是谁？
- 我们为什么存在？
- 我们活着的意义是什么？

图6-1 企业文化的三个要素

企业的使命实际上是企业存在的原因或意义，即企业生存的目的。无论这种原因或理由是"提供特定的产品或服务"，还是"满足某种需求"或"担负某个不可替代的责任"，如果一个企业无法找到合理的原因，或者存在的理由连自己都不明确，甚至无法说服自己，那么企业的经营就可能出现严重问题，甚至可以说这个企业"已经失去了存在的必要"。正如人们经常自问"我为什么活着"一样，企业经营者更应该对此有清晰的认识。

企业使命定义了企业存在的意义和价值。它反映了企业希望树立的形象，如"我们是一个勇于承担责任的企业""我们是一个持续健康发展的企业""我们是一个在技术上取得卓越成就的企业"等。在明确的形象定位指引下，企业的经营活动将始终向公众展示这一点，保持一致性，不会反复无常。确定企业使命，即明确企业为实现远景目标所必须承担的责任或义务。使命对一个企业的成败具有决定性影响。彼得·德鲁克基金会主席、著名领导力大师弗兰西斯女士认为，一个强大的组织必须由使命驱动。企业的使命不仅回答了企业是做什么的，更重要的是为什么做，它代表了企业最深远的目标。一个崇高、明确、具有感召力的使命不仅能为企业指明方向，还能让每一位成员理解工作的真正意义，激发他们内在的动机。

愿景展现了企业的长远目标，反映了企业家对企业未来发展的设想。它是对"我们希望成为什么样子""未来将呈现怎样的景象""我们将为追随者带来什么样的未来"这些根本性问题的持久性回答和承诺。

愿景是面向未来的，它是一种梦想。作为梦想，可能实现也可能不能实现，但始终存在实现的可能性。人类之所以伟大，是因为有梦想。回顾几百年前的中国，飞翔在天空曾是一个看似遥不可及的梦想。然而，当杨利伟乘坐神舟五号环绕地球时，我们不得不感叹，如果没有持之以恒的梦想，今日的世界将会怎样。愿景正是这样的一个企业的梦想。亨利·福特在一百年前提出他的愿景是"让每个人都能拥有一辆汽车"，当时可能被认为是疯狂的想法。但在美国社会，他的梦想已经完全实现。我们又该如何理解一百年前那个被认为疯狂的人的预言呢？这样的梦想虽然可能起初令人难以置信，但它的力量却能不知不觉地感染人心。因此，如果愿景是一个能够立即被人理解并实现的目标，那么它至多只能算是一个战略目标，而不是我们所说的愿景。

核心价值观，是社会群体在审视社会事务时所依赖的伦理标尺和行为规范。在企业领域，它代表着企业坚定的信仰和哲学精髓，是指导企业在复杂环境中化解内外矛盾的行动指南。它关乎企业对市场、客户、员工等各方面的认知与态度，反映了企业生存和发展的坚定立场。

核心价值观是企业文化的灵魂，它为企业内部成员提供了审视自身行为的统一标准，并据此指导他们的行动。在对外交往中，它构成了企业的底线；而在内部管理中，它则成为员工必须遵循的规范。一个人的梦想是私人的追求，而一群人的梦想则汇聚成共同的理想。拥有坚实文化和价值观的企业，能够明辨是非，清醒地选择应当追求的利益。

核心价值观深刻影响着企业的思维方式与问题处理方式，它为经营者提供决策的智慧，为员工指明科学高效的工作路径。它塑造了企业的价值导向，使领导和员工在共同的价值目标下齐心协力，共同前行。

正如美国学者托马斯·彼得斯和小罗伯特·沃特曼在《追求卓越》一书中所强调的，优秀的企业都深知自己的使命，并精心构建和坚守着企业的价值准则。若企业缺乏明确或正确的价值观，我们不禁会对其经营成功的可能性表示怀疑。

使命、愿景与核心价值观是企业文化的核心三要素，三者共同构筑了企业文化的精神基石。使命，即我们的初心与起点，它指引着企业不断前行的方向；愿景，则是我们矢志不渝追求的目标，象征着企业的未来与归宿；而核心价值观，则代表着我们与谁并肩同行，共同书写着企业的辉煌篇章。这三者之间的关系，正如图6-1所示，相互依存、相互支撑，共同构建了一个完整而坚实的企业文化体系。

四个层次：企业文化的四个层次

企业文化的四个层次是指精神层、制度层、物质层、社会层，它们之间的关系如图6-2所示。

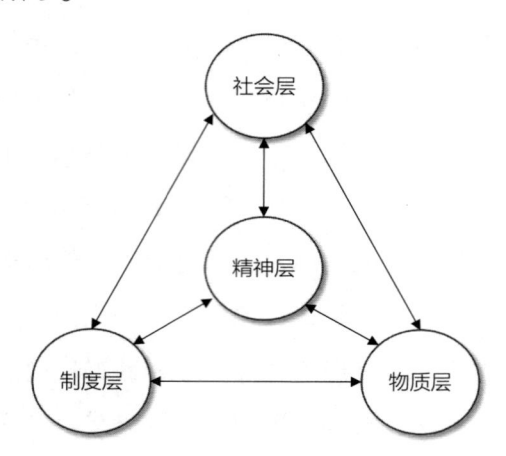

图6-2　企业文化的四个层次的关系

企业文化的精神层，即企业的精神文化，相较于物质文化与行为文化，它更深入地触及企业文化的本质。在整个企业文化体系中，企业精神文化占据着核心地位，犹如灵魂之所在。

企业文化的精神层，是指企业或组织内的领导者和成员共同坚守的基本信念、价值体系、职业道德及所展现出的精神面貌。它不仅是企业文化的核心，更是其生命力之所在。企业文化的精神层面涵盖了前文提到的企业文化三个要素的全部内容。

企业文化的制度层，即企业的制度文化，其核心涵盖企业领导体制、组织机构和管理制度三大支柱。企业领导体制的演变与深化，既是企业生产发展的自然产物，又是文化进步的生动体现。企业组织机构作为企业文化的具体承载者，既包括正式的组织结构，也蕴含非正式团体之间的微妙关系。而企业管理制度则是企业在日常运营中制定的、用以规范与保障各项经营活动有序进行的规章条例。

企业文化的物质层，即企业的物质文化，是员工智慧与汗水的结晶，表现为丰富多彩的产品和各类物质设施。其中，企业生产的产品和提供的服务，作为生产经营的直接成果，自然成为物质文化的核心。此外，企业精心营造的生产环境、独具特色的建筑风貌、富有创意的广告宣传以及产品包装与设计等，同样构成物质文化不可或缺的重要组成部分。

企业文化的社会层则是企业文化与社会环境相互交融、相互反馈的结果。这一层作为企业文化与社会经济文化交流的桥梁，使企业文化成为一个动态、开放的系统。通过与社会市场的持续互动，企业文化能够不断更新自我，保持旺盛的生命力。

企业文化的四个层次各有其独特使命：社会层旨在通过与社会各界的互动合作，为企业赢得丰厚的利润回报；物质层则致力于确保企业运转的顺畅高效，实现成本的有效控制；制度层则重在规范员工行为，塑造良好的企业形象；而精神层则引领企业以独特的文化模式走向成功。这四个层次相互支撑、相互促进，共同推动企业持续、健康地发展。

企业文化建设的四个层次的具体内容如图6-3所示。

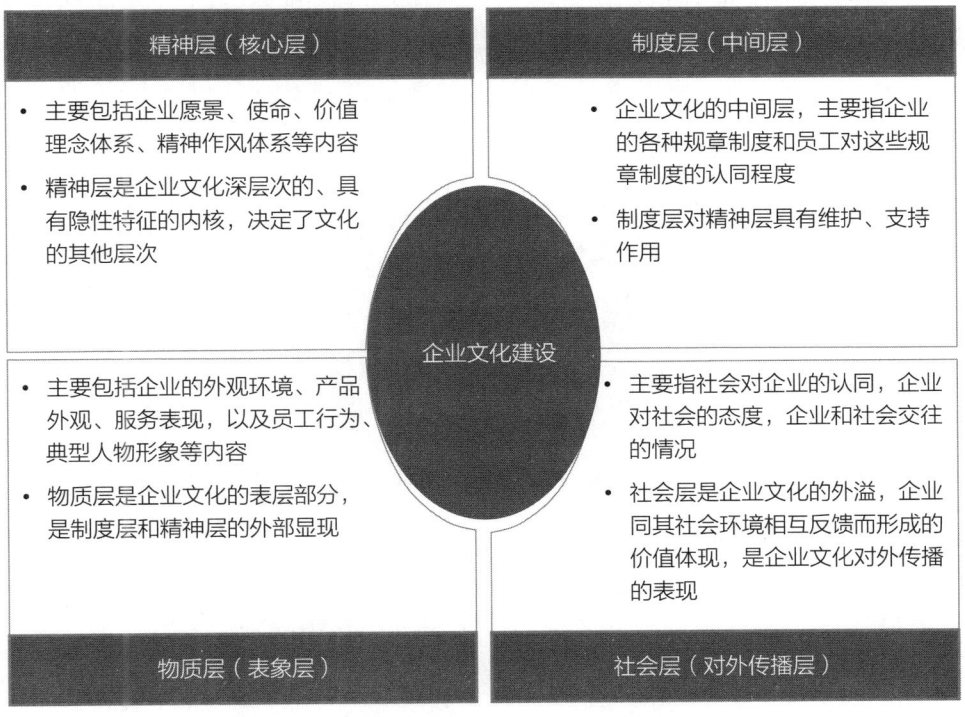

精神层（核心层）	制度层（中间层）
• 主要包括企业愿景、使命、价值理念体系、精神作风体系等内容 • 精神层是企业文化深层次的、具有隐性特征的内核，决定了文化的其他层次	• 企业文化的中间层，主要指企业的各种规章制度和员工对这些规章制度的认同程度 • 制度层对精神层具有维护、支持作用
物质层（表象层）	社会层（对外传播层）
• 主要包括企业的外观环境、产品外观、服务表现，以及员工行为、典型人物形象等内容 • 物质层是企业文化的表层部分，是制度层和精神层的外部显现	• 主要指社会对企业的认同，企业对社会的态度，企业和社会交往的情况 • 社会层是企业文化的外溢，企业同其社会环境相互反馈而形成的价值体现，是企业文化对外传播的表现

图6-3　企业文化建设的四个层次的具体内容

五种方法：企业文化落地的五种方法

"虚事实做，实事虚做"堪称企业文化落地的绝佳之道。企业文化，如同组织的无形之风和弥漫之息，虽难以捉摸，却无处不在。它渗透于每个成员的感知之中，营造出各具特色的情感体验。有人在其中欢愉满足，获得成就感；也有人可能感到压抑窒息，无所适从。这种深层次的感受，正是文化之"虚"的生动体现。

为了将这股"虚"转化为可感知、可触摸的实体，我们需要通过实实在在的行动和仪式，将其具象化、显性化。当团队成员的心凝聚在一起时，这股看似虚无的文化力量，终将推动实际业绩的蓬勃发展。

企业文化，常被视作高远的理念和词汇的堆砌，似乎遥不可及。然而，它却在无形中深刻影响着我们的工作与生活，展现出其不可忽视的"实"质。正是基于这种虚实交织的特性，在推动企业文化落地的过程中，我们需要秉持"虚事实做，实事虚做"的原则，力求在思想上保持高度统一，同时注重观察行为表现，让每一项工作都得以升华。

具体而言，实现这一策略可采取以下五种方法。

- 领导以身作则，传承文化价值观。
- 通过考核和制度流程，将企业文化贯彻下来。
- 整理企业过往的故事，用故事树榜样。
- 举行各种仪式和活动，用氛围熏陶。
- 搭建各种传播平台，进行立体传播。

这五种具体方法在此不做详细展开，因为每个企业可以根据自身的实际情况进行个性化设计。通过这些举措，人们不仅能够让企业文化深入人心，更能将其转化为推动企业发展的强大动力。

企业文化落地模型如图6-4所示。

企业文化落地的重要原则是"思想要统一，处处看行为，事事有升华"。

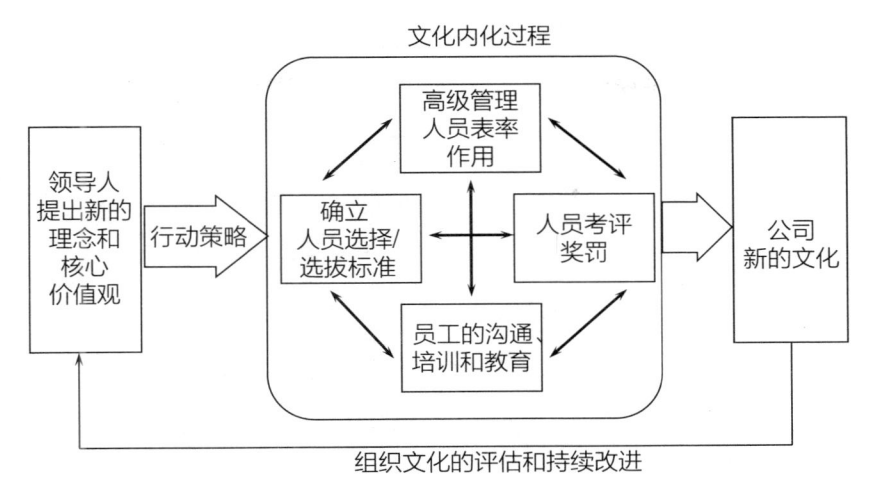

图6-4 企业文化落地模型

企业文化落地，首先要统一思想与目标。毛泽东曾说"军民团结如一人，试看天下谁能敌"，这句话告诉我们，当大家团结一心，心往一处想、力往一处使时，就会所向披靡、战无不胜。思想的统一，是组建强大团队的基础和前提；没有统一的思想，任何行动都不可能顺利开展。

很多企业领导者都有这样的希望：员工能明白自己的目标意图，能够想在自己前面，做自己喜欢的事。然而，人的思想是没法控制的，但为什么我们还要来讨论管理员工思想？因为团结统一的思想，是实现团队高效、高能的关键。一个充满战斗力的团队，其思想必须是统一的。有了统一的思想，才能有统一的行动，整个团队的步调才能一致。

其次，企业文化落地处处要看行为。我们将写在纸上的文化称为名义上的文化（虚），而人们实际工作中体现的文化则是真正的文化（实）。在企业文化的建设与落地过程中，我们要"虚事实做，实事虚做"。虚事实做就是要把企业文化转化成行为标准，如此才能实现企业文化的神与形的高度统一，才能使企业具有冲击力和竞争力。愿景、价值观、企业文化等，一定要化虚为实，变成实际的行为标准，切实落实到企业的上上下下、里里外外。因为相信，所以看见。

最后，企业文化落地要事事有升华。企业中发生的各种事件，如业务竞赛、绩效考核等，都要化实为虚。各种管理工具只是一种手段，是一种表象，企业的真正目的应该是通过一系列管理手段培养人才，通过表象手段激发员工的创造力、执行力，传递更有意义、更有价值的企业文化。

思想文化的管理是企业的最高管理权。制度是让想犯错的人犯不了错，文化则是让有机会犯错的人不愿意犯错。企业文化的内涵就像企业的灵魂，而企业文化的管理者就像企业的精神导师。企业文化的管理，就是要让企业文化落地生根，成为企业人自动自发、自觉遵守和执行的价值观和行为准则。

企业创始人或核心管理者，作为企业的灵魂人物，实践"虚事实做，实事虚做"的原则，其实就是要带领员工在天地之间遨游。"天"就是愿景、梦想、使命以及企业所秉持的核心价值观；"地"就是企业制度流程、行为规范、管理方法和实际业绩等。虚事实做，即把天落到地，就是要把愿景、使命和核心价值观落实到员工的行为层面并产生实实在在的业绩；实事虚做，即把地带到天，就是在员工创造了实际业绩之后，帮助他们升华所取得的业绩，让这些业绩与愿景、使命和价值观重新关联与融合。

第三节
比亚迪的企业文化实践

王传福的企业家精神探索

在庆祝深圳改革开放40周年的一次记者采访中，王传福说："当时，我们真的什么都没有，没有背景也没有资本，就凭一股干劲和一腔热血，没想到干成了。改革开放对大家来说就是机会，我们很幸运，赶上并且抓住了。我们其实也都是普通人，但是那个年代给了我们机会，只不过我们比其他人更坚忍一点、刻苦一点，才有了今天。"王传福的企业家精神是比亚迪发展的原动力。

从比亚迪的发展史中可以清晰地看到，比亚迪在电池和汽车两个领域都扮演了"颠覆者"的角色。本来市场已经成熟，大企业形成了相对稳定的市场份额，很多企业甚至可以安逸地赚钱。然而，比亚迪的到来让所有人都不再安逸，这就是一种典型的"十倍创新"。

"十倍创新"的含义就如同其字面意思一样简单明了，即在某一方面比现有的好或优十倍以上。这一方面破坏了原有的市场格局等旧因素；另一方面形成了各种新因素，从旧的平衡走向新的平衡，经济效率在这一过程中得到了提升。德鲁克曾说，企业家精神指的是这种从事"破坏性创新"的企业家的创新与冒险精神的总和。那么具体到王传福身上，其企业家精神又是如何表现出来的呢？我认为至少有以下四个方面表现了王传福的企业家精神。

第一，使命精神。人人生而有使命，只是有的人擦亮了使命，有的人蒙蔽了使命。使命是人生的意义。使命精神的内核就是表达与牺牲，就是传播使命、至死不休的精神。企业家通过使命驱动自己，也通过使命照亮别人。使命是吸引力法则，能够吸引人才与资源。

在比亚迪创立初期，王传福不可否认可能有一定的改善经济的原因，但更重要的是产业报国的雄心。在锂电池领域取得成功后，王传福本可以在锂电池的产业链里"躺平"，但比亚迪没有选择这条路，反而冒险进入了完全陌生的汽车赛道。在比亚迪刚开始制造汽车时，很多投资基金经理并不看好比亚迪造车，公司内部对此的争议也很大，但王传福还是义无反顾地踏上了这段充满未知的伟大征程。

如果没有使命的力量，在造车的黑暗时期，比亚迪很难挺过来。在F3车型上线的前夜，这个关乎比亚迪生死的夜晚，王传福彻夜未眠，独自在冰冷的试车跑道上飙车减压。

第二，创新精神。德鲁克说，企业家就是创新家，企业家精神就是创新精神。所有机构的管理者都要把创新与企业家精神作为企业和个人工作的一种常规的、不间断的日常行为和实践。

王传福是物理化学专业的优秀毕业生，物理学中的拆解组合原理在比亚迪的发展中留下了深刻的印记。他运用拆解组合的思维方式解决问题，这不仅与创新原理的基本方法高度契合，更成为比亚迪不断突破技术瓶颈的关键所在。比亚迪在技术领域的一次次飞跃，正是其创新精神的生动体现，这使得比亚迪有底气喊出"一切技术都是纸老虎"的豪迈宣言，充满了雄心和勇气。比亚迪的创新精神源于公司独特的拆解组合原理的组织基因，正是这份基因，让比亚迪找到了创新的路径与底层思维，为其创新能力奠定了坚实的基础。

第三，冒险精神。对商业机会的洞察总是带有很大的不确定性，因为在早期，任何商业机会都是模糊的，企业家无法预见所有的细节，而一些重要细节则往往会决定企业的成败。这种情况意味着企业家不但要敢想，还要敢做。在历史的长河中，大部分的先行者最后都成了先烈，而幸存者则收割了大部分成果。面对这种生死抉择，是否敢于冒险就成了判断企业家素质的基本标准。

在这方面，王传福的表现可谓是出类拔萃。面对国际巨头在相关领域的巨大竞争优势，他没有胆怯，而是积极分析和谋划，并迅速投身其中。这种明知山有虎、偏向虎山行的冒险精神，不是一般小富即安的经营者所具有的。

第四，务实的作风。与企业家的理想相比，企业的资源总是显得不足，如何利用有限的资源取得最佳成绩，成为衡量企业家精神的重要标准。在这方面，王传福在电池制造中对人工的使用是一个典型例子。

日本企业在制造锂电池的过程中很早就实现了生产线的自动化，自动化有两个优点，一是节省了人工，二是稳定了产品质量。假如王传福也按照日本企业的做法，那么他就进入了别人的游戏规则中，而在别人的游戏规则中，他怎么可能胜利呢？

日本企业选择自动化制造的一个重要原因就是人工成本很高，因此用机器替代人工是非常理性的选择。但当时的中国不一样，在20世纪90年代，中国的劳动力成本还非常低。经过实践，王传福发现用人工替代机器是一种成本更低的生产方法。但人工制造的问题就是，产品质量不如机器制造稳定，这个问题并没有难倒王传福。为了解决这个问题，夹具被引入生产。夹具是一系列专门的生产工具，具体操作细节不在此展开。我们只需要知道，有了夹具之后，比亚迪的产品质量就稳定了很多，在很大程度上与日本企业的产品质量几乎并肩而行。

用人工代替机器以及夹具的使用，使得比亚迪的锂电池具有了相当高的性价比,这是比亚迪闯入锂电池市场的撒手锏。可以说,比亚迪在锂电池领域的成功正是其回归商业基本面,并在此基础上进行创新的结果。比亚迪在这个过程中没有使用最贵的或最流行的商业模式,而是使用了最合适的商业模式,这改写了锂电池行业的运行规则,也使比亚迪成为该行业的重量级玩家之一。后来,在进入造车行业的初期,王传福也复刻了这一经验,对造车流程进行了详细的拆分:在总装工序上,每个工位通过夹具固定车身,即使在自动化程度较高的冲压和涂装车间,钢板给料、组件搬运等工序也大多用人工来完成。

使命的召唤、创新精神和冒险精神都很重要,但如果没有务实的执行力和强大的执行力,前述三点将变得毫无意义。为了让使命变成现实,比亚迪在研发上投入了巨资,更重要的是,比亚迪找到了行之有效的管理知识分子的方法,这也是本书称之为比亚迪创新方程式的原因。这里需要强调的是,研发不是生产制造,管理一个由科学家和工程师组成的团队的难度,远超过管理流水线上的工人。如同所有的高科技领域,在电动车领域,谁掌握了人才,谁做到了知人善任,谁就赢得了先手。比亚迪在研发上的投入和恰当激励机制结出了丰硕的成果。以专利为例,据媒体报道,截至2023年3月,比亚迪在全球累计申请专利近4万项,授权专利约2.8万项,专利数量稳居中国车企第一。

虚事实做,实事虚做。王传福的企业家精神不仅成就了今天的比亚迪,更重要的是,这种精神已经转化为比亚迪的组织创新基因。王传福的企业家精神已经成为比亚迪创新方程式的一部分,成为可迁移的组织化的创新能力。这是最难能可贵的地方。

比亚迪的企业文化解读

我曾在比亚迪内刊《比亚迪经理人》上发表过一篇题为《百年基业 文化是根》的文章,专门探讨比亚迪企业文化建设。现将文章收录如下。

百年基业 文化是根

"小公司看老板，中公司看产品，大公司看文化"，企业文化之于大公司，犹如灵魂之于个人。比亚迪的惊世业绩及超速成长，俨然已使其成为重量级的大型企业，比亚迪还是我们民族工业的骄傲。王总在2003年经理年会上归纳了比亚迪九年的风雨历程，总结出了"公平、务实、激情、创新"的企业文化。在这里我想与大家探讨两个问题，那就是：什么是企业文化？什么是比亚迪的企业文化？

一、什么是企业文化

对于什么是企业文化，仁者见仁，智者见智。不同的版本有不同的说法，恰如"弱水三千，只取一瓢"。企业文化是企业在长期发展和演变过程中，由全体员工共同形成的信念和生活方式。它包括价值观念、思想信仰、经营哲学、生产目标、历史传统、礼仪习俗、道德准则、行为规范、人际关系、管理体制、员工心态，以及由此体现出来的企业风范和企业精神。

企业文化的功能包括导向功能、凝聚功能、激励功能、约束功能。

企业文化的建设包括企业文化大使的培育、企业共同价值观的塑造、企业精神的培育、企业管理文化的形成、企业组织文化的选择、企业制度文化的完善、企业道德的树立、企业文化设施的树立。

企业文化的基本内容包括以下内容。

第一，企业的理念系统。包括企业环境、企业目标、企业价值观（价值观是企业文化的核心）、代表人物风格、经营理念（经营理念是企业在生产经营过程中所形成的基本哲理和观念）、团队精神（包括理想、信念、道德行为规范和工作态度等）、企业精神（是企业的宗旨、观念、目标和行为的总和，是企业文化的概括）、职业道德（是某种职业在从业活动中所应遵循的道德，是同行业之间、职工间公认的竞争标准）、企业的社会理念形象。

第二，企业的形象系统。包括产品形象（技术形象、质量形象、外观形象）、市场形象、经营者形象、员工形象、体制形象、环境形象和其他形象。企业文化在组织中的显性体现包括：行为规范，如员工手册、规章制度等；宣导企业文化的刊物，如《比亚迪人》《比亚迪经理人》；宣导企业文化的活动，如运动会、厂庆、各种文体活动、各社团活动等等；宣导企业文化的集会，如年终总结会议、经理年会等各种会议。

二、什么是比亚迪的企业文化

比亚迪的企业文化是比亚迪人共同的信念和价值取向，是比亚迪人历经九年风雨和沧桑变化的结晶，是比亚迪人光荣与梦想的体现。

我们的核心价值是：公平、务实、激情、创新。

我们的核心目标是：立足能源，发展汽车；实现包括镍镉、镍氢、锂离子电池、LCD、精密注塑等的电池产业群第一；实现包括电动汽车和传统汽车的汽车产业群的全国第一。

我们的企业精神是：质量为本，信誉为魂，追求卓著。

王总在2003年经理年会上的讲话，指明了比亚迪企业文化建设的方向。我们的企业精神与核心价值相互融合，共同支撑我们核心目标的实现。核心价值是企业文化的核心，而核心价值的建设是企业文化整体建设的关键。

下面是我对比亚迪核心价值的理解。

公平：公平犹如一架天平，代表着一种平衡。天平的刻度盘就是标准。没有标准，平衡就无法体现。比亚迪要达到"公平"，我认为以下两点是关键。

（1）法制化，即制度的保障。公平的实现必须依托于共同的准则，也就是制度。没有共同的准则，公平就无从谈起，容易陷入"公说公有理，婆说婆有理"的境地。结果，谁都可以给自己贴上"公平"的标签。

有了制度，就有了标准，就有了衡量是非的准绳，才有了公平的基础。人事部及其他各部门为公司制定了系统的制度，这些制度就是准绳。只有保证制度的权威性，公平才可以落地生根。例如，人事部实行的晋升考核制度，就是为了给员工提供一个公平竞争的舞台。

（2）基于事实的判断。这与"暗箱操作"和"权谋文化"相对立。"指鹿为马"就是"权谋文化"的典型表现。如果不以事实为依据来判断，那即便有再好的制度，也无法维持下去。

最后，法制化与基于事实的判断之间的关系，就是依据制度进行客观公正的判断。判断的范围包括公司的员工、客户，以及所有供应商。

务实：或许人人都知道，务实才能成事。可有谁真正给"务实"下过确切的定义呢？有人说，"务实"就是实干，那实干又是什么呢？有人或许会想到，"实"与"虚"相对，多做事就是实，而讲课的、搞管理的就不"务实"了吗？我理解的"务实"，就是"快速行动的能力"。"务实"的核心就是执行力。

市场无时无刻不在变化中，"计划不如变化快，变化不如电话快"，快速行动的能力，高效率工作的能力，将"务实"的精神内涵阐述得更加精准。

比亚迪之所以能够超速成长，与比亚迪的决策层敏锐及时地把握市场是密不可分的。从快速切入锂电池领域，到先人一步跨入汽车行业，比亚迪比竞争对手更快的行动和应变能力，使其一次又一次夺取发展先机，实现了快速发展。

此外，比亚迪从不盲目宣传或广告，而是默默无闻地挖掘自身潜力，脚踏实地地做事，增强内在竞争力。这样做就避免了泡沫成分，促进了公司的健康发展。比亚迪的研发指导思想同样是紧跟市场，从客户需求出发，坚持独立自主、低成本、务实高效的路线；而不像某些电池企业盲目引进国外生产线，造成巨大的浪费。

激情：王总在阐述"激情"时用了一个很好的例子，他指出，"激情"是一种信念，而信念是一种力量。由激情产生的力量是促使企业快速发展的源泉。

具体到企业层面，"对组织目标的自主承诺和高度的敬业精神"就是激情的体现。认同企业，并为企业努力工作，把工作当成一种乐趣。我们的远景是将比亚迪发展成集电池、材料、电子和半导体于一体的企业，实现包括镍镉、镍氢、锂离子电池、LCD、精密注塑等领域的电池产业世界第一，实现包括电动汽车和传统汽车的汽车产业全国第一。我们的员工都有机会参与这一使命的实现，也为员工提供了大量发展的机会。

此外，我们还提供物质奖励，如进步奖、最佳员工奖、服务年资奖等，以及工作奖励，如晋升机会、岗位轮换等。后勤保障方面，我们提供房车待遇、亚迪学校教育资源、技校培训等。这些都将激发员工的激情。

创新：从无到有是创新，排列组合也是创新。对一个公司而言，创新不仅是技术层面的，也不仅是制度层面的，更重要的是观念的创新。而观念的创新是最困难的事。"没有先例"，往往是比亚迪人反对新主张时使用的说法。然后，创新精神的核心往往是"否定与批判"。正如"不破不立"，环境不断变化，市场不断变化，敢于否定陈规，敢于否定自己，这不能不说是一种超越。《差距》一书的作者姜博士曾提出，"在否定与创新的基础上重建中国公司的持续发展战略"的观点。过去和目前的成功往往让人陶醉在经验的教条里，正如一位哲人所言，"成功是个蹩脚的导师，它不会带领你走向下一次的成功"。面对不断变化的情况，只有不断创新，才能保持竞争优势。

最后想请问大家："进一步贯彻执行并继承发扬比亚迪的企业文化，你准备好了吗？"

（以上内容发表于2003年的《比亚迪经理人》，略有改动。）

2003年，比亚迪的核心价值观是"公平、务实、激情、创新"，2017

年11月在上千人参加的高层培训会上,王传福将企业文化中的"公平"替换成了"竞争"。其对竞争的解释是"比学赶帮超"。

在比亚迪的考核体系中,一个非常重要的指标是"认真度"。王传福曾说,天下难事,最怕认真。从"务实"的核心价值观中衍生出了"认真文化"。认真度已成为比亚迪员工非常重要的品质和行为准则。比亚迪是由一群从中国农村走出来的人创办的企业,有时外界会认为比亚迪很土,管理人员居住的地方叫亚迪村。他们做事的特征就是讲实效,要结果。在比亚迪文化中,最被强调的是绩效导向。公司经理级以上的人员都享有配股权,这不是因为他们是公司的元老,而是因为他们在工作上有过突出贡献,如申请专利、取得突出的研究成果、为公司节省大量成本等。同时,认真的做事态度是比亚迪一直倡导的。比亚迪一直强调"认真第一,聪明第二",聪明人如果不认真努力,也是废品。认真不仅仅是一个口号,而是要真正形成认真的习惯和态度,考核也依赖于认真度。王传福说:"我们充分相信,有了每一位员工认真负责的精神,我们可以战胜任何一个竞争对手,我们所有的目标都可以实现,公司同样会给所有认真工作的员工应有的尊重和回报。"

比亚迪的认真度分为四个层面:细节认真度、质量认真度、制度认真度、发展认真度。在细节认真度上,要求注重每一个环节,无论是产品设计、生产制造,还是售前售后服务,都追求极致的细节处理,力求做到最好。在质量认真度上,要求注重产品质量。在产品制造的每一个环节都有严格的标准和流程,确保产品质量稳定、优良。在制度认真度上,要求重视企业制度建设,建立健全的管理制度,规范行为准则,加强企业文化建设,使内部管理更加规范和透明。在发展认真度上,始终坚持创新发展,积极推进技术研发,加强人才引进和培养,不断提升企业发展水平,为持续发展打下坚实的基础。

第三篇
资本创新模型

第七章
十倍创新资本

第一节
企业市值管理非常"6+1"模型

值钱比赚钱更重要

2012年以前,华尔街分析师都是以当下或过去的利润作为估值的主要依据,而贝索斯用了15年时间,才改变了华尔街分析师的估值逻辑。

"可能我们之前对眼前利润的痴迷是很愚蠢的!"一位华尔街分析师开始反省。利润代表的是过去,只有运营现金流才是企业自身造血的能力体现,才能代表未来。对于亚马逊产生的"正"运营现金流,贝索斯没有急于将此作为利润回报给股东,而是将此投入到亚马逊生态系统的构建上,具体来说,就是持续地投入到研发新的技术与新的商业模式上。例如,亚马逊的电商物流配送体系和AWS云服务平台,为其商业模式创造了持续强大的成长动力。从这个角度看,贝索斯确实是一位颇有远见、不急功近利的企业家。

如果在1997年亚马逊上市时买入价值1万美元的股票,那么今天这些股票的回报率将是1800倍,即价值达到了1800万美元!

能赚钱的企业不追求眼前利润,而是将赚来的钱再投入,换取未来持续成长的竞争力,这样的商业模式延展才是最优秀的。这几乎成了现在投资者分析企业的最基本逻辑。

| 十倍创新 |

2018年，亚马逊投资8亿多美元，首先开始在美国为会员提供"免费一天送到"的配送服务。贝索斯在2019年第二季度的业绩报告中自豪地宣布："给会员提供的'免费一天送到'服务目前已经囊括超过1000万种商品。"与2018年6月30日相比，亚马逊的付费会员数量在2019年12月31日达到1.5亿，增加了50%；2020年10月，超过50%的美国居民已经成为亚马逊的付费会员，会员的免费送货上门时间缩短到2小时。

亚马逊通过商业模式创新构建了"赋能共赢"的生态系统。亚马逊最核心的战略优势之一是对AWS数据云服务的长期坚定投资，已经有190多个国家和地区的大量企业和政府部门成为其用户。

亚马逊将其商业模式发展成一个生态系统，不仅将竞争对手转变为合作伙伴和用户，还为电商领域乃至未来的人工智能和5G时代的商业发展构建并输出了关键的基础设施。从生态系统的核心指标"价值增量"来看，我们不得不承认亚马逊的成绩非凡。亚马逊在对物流基础设施进行了大手笔投入后，其物流体系推动电商每年以超过20%的速度成长；在云服务领域，亚马逊AWS几乎拥有全球公有云一半的市场。亚马逊的仓储服务、人工智能服务，持续地为亚马逊带来新的业务增长。

至今，贝索斯依然大手笔地对亚马逊的云+AI服务进行投入，并且不断地降低投资者对亚马逊盈利的预期。他对生态系统竞争的理解到了出神入化的地步。如今，亚马逊的云+AI业务迅猛发展，并因多年来在云和AI等前沿技术的投入，其占据了全球市场的绝大多数份额。AWS有数百万客户，其中苹果在AWS上的月支付额为3000万美元，年支出额高达3.6亿美元，2015—2019年五年间的费用至少有15亿美元。目前，AWS为核心的服务贡献了亚马逊70%的利润。

因不追求短期盈利，亚马逊曾在华尔街坐"冷板凳"长达15年，直到15年后，亚马逊股票才开始受到华尔街的重视。2024年4月12日，亚马逊股价收报189.05美元，市值达到1.96万亿美元。事实上，早在2018年，分析师就预测,到2024年底,亚马逊市值或可达到2.5万亿美元。这就是十倍创新在资本市场上创造的价值。

亚马逊的案例彻底改变了全球投资管理机构的投资理念。投资者不再仅仅关注眼前的利润,而是更加关注公司未来的增长潜力。也就是说,投资的底层逻辑已经从关注当下是否赚钱转变为关注公司未来是否值钱。

投资的底层逻辑从投资赚钱的公司到投资值钱的公司。公司未来的价值由什么决定呢?基于多年的管理咨询与上市公司辅导经验,我提炼出了一个代表公司未来价值的模型,简称企业市值管理非常"6+1"模型。

关于企业市值管理非常"6+1"模型

企业市值管理非常"6+1"模型(见图7-1)基于一个公式:公司市值 = 净利润 × 估值因子。影响净利润和估值因子的因素共有七个,主要包括六个运用层能力:产业空间与竞争结构,商业模式与战略方向,人才密度与人才体系,组织能力与组织活力,经营指标与运营效率,4R关系与股东结构;以及一个底层能力:创新能力。

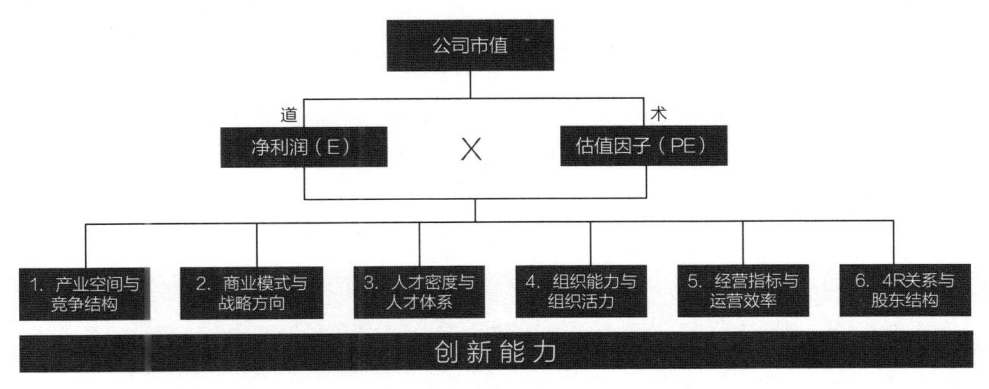

图7-1 企业市值管理非常"6+1"模型

1. 产业空间与竞争结构

巴菲特的滚雪球理论广为人知,他说:"投资就像滚雪球,当我们发现很湿的雪和很长的坡时,把小雪球放在长长的雪坡上,它就会不断积累,越滚越大,优势越来越明显。"在这里,雪和坡是赛道,也就是产业空间。

比亚迪从百亿级的锂电池产业空间,切入到万亿级的手机全产业链产业空间,再从锂电池产业空间跃迁至十万亿级的新能源汽车产业空间。这些转变都是在原有产业周期即将结束时,持续寻找更广阔、更具潜力的产业空间,并成功实现跃迁的结果。就像巴菲特所说,比亚迪一直在那些有很湿的雪和很长的坡的产业中持续发展。

不同的产业空间对应不同的估值,产业空间越大,其对应的估值应该越高。判断产业空间的方法有两种:第一,根据现有产业的体量和增速进行拟合,判断中长期产业的成长空间。增速一般是不精确的,但模糊的精确好于精准的错误。第二,采用类比法,通过与可比行业或者国际市场的比较来预测市场容量。一个简便的方法,就是查看卖方的深度研究报告。

竞争结构分析包括产业链纵向竞争结构分析和同业横向竞争结构分析。产业链纵向竞争结构分析主要有产业链溢价能力分析和价格忍受力分析。产业链溢价能力分析一般考虑议价权和价值分配,衡量产业链议价能力的指标是纵向净利润率的比较。在产业链中,净利润率最高者享有最强的议价能力,并锁定了产业链的最大利润。投资策略应做减法,聚焦于产业链中议价能力最强的环节进行研究,并识别出产业链中最强的细分行业。

在分析纵向竞争结构时,还需考虑价格忍受力。如果你在下游客户成本结构中的占比越低,下游客户对你价格上涨的承受能力就越强。最佳的观测指标是,即使经历了大幅的价格上涨,需求仍然保持稳定,甚至出现增长。例如,染料和稀土等产品的价格弹性就比较好,表明这些细分行业的竞争结构较为有利。

"牛皮鞭效应"常用来分析价格忍受力。该效应会导致企业生产预测出现偏差。可以将上游的生产供应企业比作牛皮鞭的梢部,下游的终端销售商和消费者比作牛皮鞭的根部。一旦根部抖动，传递到梢部的波动就会显著放大。数据显示，客户端10%的市场需求变化会导致供应商订单量200%的变化。因此，终端销售商和消费者的需求变化，会大大增加上游企业的种子生产、供应、库存管理和市场营销的不稳定性。

同业横向竞争结构分析也非常重要。当行业竞争结构改变时，不仅会影响企业的发展，还会显著影响企业的估值。市场常常出现一种现象：虽然企业净资产收益率较高，盈利能力也较强，但股价就是不高。这往往是因为竞争结构恶化，投资者预期企业未来的业绩将进入下降趋势。如果行业的竞争结构越有利，其获取的估值就越高。例如，光伏行业中的逆变器行业，其估值就高于其他行业。

在经济增速放缓的背景下，尤其是在需求没有大幅增长的情况下，市场已成为存量市场。此时，供给方面的竞争结构优化则更为重要。以空调行业为例，近10年来行业规模只增长了2倍，但格力的营业收入却增长了10倍，利润增长了几十倍，股价增长了100倍。原因是什么？原因就是竞争结构的优化，即龙头企业抢占了小企业的市场份额，其业绩增速大于行业本身的增速。

同业横向竞争结构的演化一般经历四个阶段。第一阶段：需求迅速增长，供给同步扩张。第二阶段：需求增速放缓，供给继续扩张。第三阶段：需求大幅放缓，供给接近尾声，或者趋于零增长，导致大部分企业盈利困难。第四阶段：需求出现新的驱动力，但供给受限，有待突破。第一和第四阶段是投资参与的最佳时机。

2. 商业模式与战略方向

战略是在产业选择的基础上，对公司的定位及其实现路径的规划。一个公司如果在明确自身优劣势的情况下，有清晰的战略定位、战略目标和有序的实现路径，则有助于利润的提升。

商业模式是为了最大化企业利润而构建的内外部交易结构。一个优秀的商业模式可以使传统行业中的企业发生质的变化。例如，以共享经济为纽带的摩拜单车，将一个几近进入衰退的自行车产业带入了新的春天。

商业模式的基本表述是利益相关者的交易结构。这种交易结构首先确保客户获得价值，同时确保企业获得价值。日本早稻田大学商务学院的客座教授三谷宏治在其著作《商业模式全史》中提出了一个四要素模型，包括：你的客户是谁、你为客户提供什么价值、你是怎么盈利的、你的核心竞争力是什么。这四个问题对应的四个要素分别为客户、价值提供、盈利方式、战略/资源。实际上，三谷宏治提出了一个总价值创造的概念，即你不应只关注你的客户，你还应关注你的供应商、渠道、门店等。你必须确保所有这些利益相关者加在一起都能获得价值，这才能叫作价值创造。

商业模式与战略的成长性是企业估值的价值主体。一个有想象力的战略是公司价值实现的起点。一份商业逻辑清晰的战略蓝图能够向资本市场明确传达其价值主张。无论是上市公司还是非上市公司，在融资时只有让资本市场看清公司自身的战略定位、商业模式和发展节奏，并且兼顾当下与未来，才可能获得投资者的关注，获得较高的估值。另外，企业只有真正系统、完整地传达清晰的战略愿景，并且从企业文化、团队建设、品牌形象等方面落地实施，得到合伙人、员工和客户的广泛战略认同，才能提高运营效率和销售业绩。可以说，战略命题构建了企业在内部和外部的优势。

正确的战略匹配糟糕的产业，也可能化腐朽为神奇；糟糕的战略匹配好的产业，无异于竹篮打水。有人这样评价改革开放四十多年来中国企业的沉浮：三流企业做事，二流企业做市，一流企业做势。

所谓做事，就是实实在在地做产品和卖产品。在消费者选择极为丰富的年代，只有以匠人之心打磨出好产品，企业才可能从竞争激烈的市场中突围。不过，企业往往难以依靠单一产品或产品类别持续成长，毕竟任何产品都有其生命周期。

做市就好比做渠道商，这类企业并不依靠生产产品来产生价值，而是通过连接产品和买家来发挥其通道价值。在改革开放初期，中国确实需要地方消费者相当认可的中间商。加上早期改革开放时人口尚未集中在城市地区，因此能够协助解决通道问题的渠道商确实能够在市场上风靡一时。

然而，随着互联网的兴起和信息不对称问题的缓解，做市者的优势逐渐减弱。而所谓做势，就是善于谋划形势，对变化莫测的市场有深入理解甚至能够做出预测，洞悉商机。用专业术语来讲，就是企业能够选择市场规模足够大、增长潜力足够高的产业，准确把握市场痛点，带领团队达成业绩。谋势者方能够执市场之牛耳。

比亚迪的战略时空的一次次转换，也是比亚迪一次次突破增长天花板的原因。例如，从最早的镍镉、镍氢电池到锂电池，再到手机零部件，然后是新能源汽车整车、云轨与储能。如今，镍镉、镍氢电池已经退出市场，如果比亚迪没有成功突破，估计早就不存在了。而锂电池、新能源汽车和储能市场都是万亿级甚至十万亿级的空间。只有置身于大海，才能孕育出真正的大鱼。比亚迪的核心战略是追求核心业务的持续十倍增长，并在时空中持续迭代进化。其核心打法是借助技术同根、客户同源、人才复用三大经典且实用的路径，在时空上不断实现战略演进和迭代升级。比亚迪积极进入与其业务紧密相关的领域，在现有业务的增长潜力耗尽之前，着手建立下一个成长性业务，并期望这个新业务能够蓬勃发展，以便在未来取得强大的增长优势，从而一次次摆脱产品周期规律的束缚。

资本市场流行一句话："投企业投的是未来，投的是预期。"这里的"未来"与"预期"，就是指企业的商业模式和战略方向是否具有巨大的想象空间。

3. 人才密度与人才体系

路线确定之后，人才就成为首要问题。人才的层次决定事业的高度，人才的密度决定事业的深度，人才的体系决定事业的可持续度。

对于资本市场而言，看好并投资一家企业，关键是看好这家企业的掌舵人，特别是他的概念思维、领导力和意志力，然后再考虑这家企业的管理团队、技术队伍和员工队伍。

组建一个多元化的人才团队，要求组织内有足够多元化的人才。可参考人才结构的三三制模型：优秀企业通常会建立高层、中层、基层三层干部管理队伍；会建立干部、研发、工程三支队伍；在干部管理上，会建立提名权、评审权、决定权三权分立的管理体系。伟大企业的人才结构通常是创业元老、外聘骨干、内部培养三者各占三分之一，体现出多元性和平衡性的特征。企业要提高人才密度，引入坦诚文化，并取消各种不必要的管控。因为拥有足够多元化的人才结构和足够高的人才密度，是企业发展的必要条件。

4. 组织能力与组织活力

没有强大的组织能力，再好的赛道、战略也无法得到强有力的支撑，而盲目追逐好赛道可能会导致企业本末倒置，影响主业发展。强大的组织能力能为企业的经营提升、战略落地、高质量发展提供底层支撑和持续保障。把能力构建在组织上，利用组织能力的确定性来对抗外部环境的不确定性，是企业长期发展的基本保障。

组织能力是指将组织内部的责任、权力与利益分配结构，以及相应的激活机制，转化为能够创造客户价值的能力。它从根本上反映了一个组织的效率和效能。组织能力包括五个维度：文化维度，包括使命、愿景和价值观；组织结构维度，涉及组织结构和协同关系；绩效管理维度，包括目标分解和目标管理；组织激励维度，关注人的能力与意愿；流程执行维度，涉及流程和制度。对于企业来说，打造组织能力的根本原则是以客户为导向，以客户需求和用户价值为中心。

组织管理的最高目标是激活每个个体。组织一般分为创新型组织和运营型组织。企业可针对不同的组织类型，建立相应的组织目标管理与绩效管理体系，以及相应的组织激励体系。

5. 经营指标与运营效率

经营者的思维应关注价值贡献、未来趋势和市场变化。日常工作应以实现企业"收益目标"为中心，以"客户需求和员工需求的满足"为两个基本点，即经营者的"一个中心两个基本点"。

公司市值的计算公式为：公司市值 = 净利润 × 估值因子。净利润是一个硬指标，反映企业的经营情况。除了净利润，还有如下几个重要指标：

（1）资产周转率。资产周转率表示用多少资产创造多少销售收入，表明公司是资产密集型还是轻资产型。该项指标反映资产总额的周转速度，周转速度越快，表明销售能力越强。公司可以通过薄利多销的办法，加速资产周转，从而增加利润总额。计算公式为：总资产周转率=销售收入÷平均总资产。

（2）资产负债率。资产负债率是负债总额除以资产总额的比例，以百分比表示。资产负债率反映了在总资产中，有多少是通过借债来筹资的，也是衡量企业清算时保护债权人利益的一个指标。资产负债率的高低，体现了企业资本结构是否合理。计算公式为：资产负债率=（负债总额÷资产总额）×100%。

（3）流动比率。流动比率是流动资产除以流动负债的比例，反映企业的短期偿债能力。流动资产是最容易变现的资产。流动资产越多，流动负债越少，企业的短期偿债能力就越强。计算公式为：流动比率=流动资产÷流动负债。

（4）应收账款周转天数（应收账款周转率）。应收账款周转率反映应收账款的周转速度,即年度内应收账款转换为现金的平均次数。应收账款周转天数,也称平均收现期,用时间来表示周转速度,它指从企业获得应收账款权利到收回款项、转换为现金所需的时间。一般来说,应收账款周转率越高,平均收账期越短,说明应收账款的回收速度越快。反之,企业的营运资金会过久地停留在应收账款上,影响资金的正常周转。计算公式为:应收账款周转率=销售收入÷平均应收账款;应收账款周转天数=360÷应收账款周转率。

(5)销售毛利率。销售毛利率表示每一元销售收入在扣除销售产品或商品成本后,有多少钱可以用于支付期间费用并形成利润。它是企业销售净利率的基础。如果没有足够高的毛利率,企业将不能盈利。计算公式为:销售毛利率=(销售收入−销售成本)÷销售收入×100%。

(6)净值报酬率。净值报酬率是净利润与平均股东权益(所有者权益)的比例,也称股东权益报酬率。该指标反映了股东权益的收益水平。计算公式为:净值报酬率=(净利润÷平均股东权益)×100%。

(7)经营活动净现金流。经营活动净现金流是指企业在一个会计期间(如年度或月份,通常指年度)内,经营活动产生的现金流入与流出的差额。这一指标说明了企业通过经营活动产生现金的能力。通过现金流量表,可以确定企业的筹资总额。一般来说,企业财务状况越好,现金净流量越大,所需外部资金越少,反之,财务状况越差,现金净流量越小,所需资金越多。如果企业的经营净现金流量为负,说明企业需要筹集更多资金以满足生产经营所需,否则可能无法维持正常的生产和经营。

(8)市场占有率。市场占有率,也称"市场份额",是企业在其运作的市场中所占的百分比,反映了企业产品在市场上的份额,也就是企业对市场的控制能力。市场份额的不断扩大可以使企业获得某种形式的垄断,这种垄断既能带来垄断利润,又能保持一定的竞争优势。当企业获得25%的市场占有率时,一般认为企业控制了市场。市场占有率对企业至关重要，它既是反映企业经营业绩的关键指标，又是企业市场地位的直观体现。市场占有率受企业的产品力、营销力和形象力共同影响。

此外，反映企业组织效率的指标还有人均营收与人均利润等。人均营收与人均利润是衡量企业经营效益和员工生产力水平的重要指标，二者通常呈正相关。企业可以通过提高员工素质和工作效率、优化产品结构和市场定位、控制成本和提高产品附加值等措施来提高人均营收与人均利润，从而实现可持续发展。

6. 4R关系与股东结构

4R关系管理是指券商分析师（Analyst Relations，AR）、媒体（Media Relations，MR）、投资者（Investor Relations，IR）与监管机构（Regulatory Relations，RR）之间的关系管理与信息沟通等。它是上市公司进行价值传播、塑造价值认知的重要渠道，是从价值创造到价值兑现过程中的一个重要环节。

如果将上市公司比喻成资本市场的考生，那券商分析师就是资本市场的"专家评委"。他们的分析报告对机构投资者和广大股民具有较大的影响力，其中80%的内容是上市公司基本面的分析，20%是预测、推断和结论。分析报告的核心是讲述一个"做多或做空的投资逻辑"，这正是投资者特别关注的。另外，财经媒体是资本市场的"公众裁判"，他们可能是媒体专家、分析师或基金经理。在自媒体时代，人人都是媒体，一些财经大V对市场也有较大的影响力。最后，机构投资者是资本市场的"天平砝码"。虽然在数量上不及散户的0.01%，但他们所掌控的资金量却远超散户。机构投资者中包括公募基金、私募基金、社保、中央汇金等"国家队"，各种基金种类繁多。

机构投资者是上市公司需要持续吸引的投资对象。市值管理者需要了解并掌握不同类型机构投资者的投资策略、选股逻辑、业绩考核标准、持股周期等，以及资产管理（机构投资）行业的发展趋势。这样，他们才能根据上市公司自身的特点和发展阶段，选择与之相匹配的且能够充分展现上市公司估值的投资者群体。

在成熟资本市场中，投资工作的重中之重是筛选并吸引目标机构投资者。市值管理者需要了解各类基金和各类投资者的选股策略（是量化还是主观，是基本面驱动还是事件驱动）、考核标准（是绝对收益还是相对收益）和考核周期（是每半年一次还是每年一次）。了解这些信息后，市值管理者才能确保策划的市值管理逻辑与目标投资群体的投资理念相一致，有针对性地吸引符合上市公司自身条件和发展阶段的投资者。

股票价格的最终决定因素是投资者的买入行为。对于市值达到百亿级甚至千亿级的公司，必然需要重量级的大型投资机构或者重量级大型股东的支持。股东结构对公司市值有着重大影响。

7. 创新能力

创新能力是公司市值的基石，也是决定市值的底层要素。创新能力的层次决定着公司市值的层级。华朗咨询专注于创新能力测评与研究已有八年，并开发了一套企业创新能力测评方案。一般来说，百亿级市值公司的创新能力评分一般在600分以上，千亿级市值公司的创新能力评分一般在800分以上。创新是企业持续发展的唯一因。没有持续的创新，就没有持续的营收增长和利润增长，企业的价值理所当然会停滞甚至萎缩；没有持续的创新，资本市场对企业将不会有增长的预期，对企业的股票也会失去兴趣。

比亚迪的创新是十倍创新，是千亿级、万亿级市值的创新。借助十倍创新，比亚迪彻底摆脱对手的纠缠，并将其远远甩在身后。当其他传统车企还在借助"延续性技术"来满足客户需求时，比亚迪已经将很多破坏性技术应用于新能源汽车等领域。尽管这些破坏性技术产品在初期性能上可能低于市场用户的期望（许多人对比亚迪新能源汽车的嘲笑和抱怨声至今仍在耳边回响），但这些技术最终可能发展成为市场上具备竞争力的技术。如今，比亚迪已经利用这些技术打败了众多传统车企。

正如苹果手机通过破坏性技术和颠覆性创新打败众多传统手机企业一样，比亚迪也通过类似的破坏性技术和颠覆性创新打败了众多传统汽车企业。在这点上，巴菲特可能是借鉴了他评估苹果的方法来评估比亚迪的。他投资比亚迪，就是投资中国汽车界的苹果，而这两家公司的灵魂都在于它们持续的创新能力。

以上就是企业市值管理非常"6+1"模型的内涵。由于在之前的章节中已经详细阐述了比亚迪的产业、战略、人才、组织、经营和创新，本章接下来的各节将带领读者进一步领略比亚迪的资本版图及产融互动。

第二节
产融互动，金融为器

产融互动模型

做产品是爬楼梯，产融互动是坐电梯。

任何事物的发展都不可避免地会经历起步、成长、成熟、衰退的周期性变化，产品也一样。一个产业的发展轨迹通常会经历起步期、成长期、成熟期、整合期、涅槃期和衰退期。从起步到增长，增长曲线逐渐变得平缓，直到最后走向衰落。成功的企业往往在前一轮产品增长开始衰退之前，就已经开始布局下一轮产品的增长基础。这些布局包括产品、产业和公司所需的资源与能力。当第一轮增长乏力或衰退时，新一轮增长已经准备就绪或蓄势待发。后一轮增长建立在前一轮增长积累的资源和能力之上，能够达到更高的水平。由此企业就形成了增长周期的接力。

在企业产融互动示意图中，可以看到两条曲线：一条是产业发展曲线，另一条是市值增长曲线。企业的战略发展过程，实质上是这两条曲线相互影响和互动的过程，如图7-2所示。

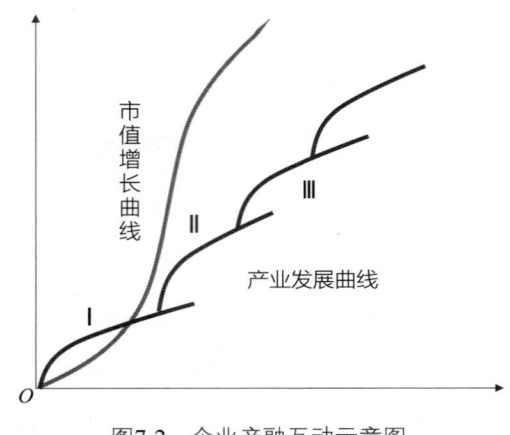

图7-2 企业产融互动示意图

企业的市值增长曲线起初是平缓的。随着企业业绩的不断验证，市值增长曲线开始变得陡峭，而且越来越陡，直至估值达到顶峰。市值的陡增和高估，往往成为推动产业进入下一波的关键能力，这些能力包括资金、并购、平台、品牌、人才、资源整合和风险承受能力等。

产业发展曲线和市值增长曲线共同构成了企业产融互动的成长路径。没有市值的制空权，企业往往走不出新一波的产业增长或走得很艰苦。同样，如果没有产业的连续几波增长和业绩验证，市值也无法维持陡峭的增长态势或维持高估值，最终制空权将落空。持续成功的企业，其产业和市值两条曲线能够相互呼应、紧密相连、螺旋上升，共同走向产业的巅峰。

产融互动能够帮助上市公司拓展融资渠道，降低交易费用和成本，有助于创造和衍生出产融协同的价值，促进企业的创新发展。资本是企业创新的核心资源，具体表现在以下几个方面。

第一，资本是企业的血液。如果企业仅仅依靠自身的资本积累，通常难以在较短时间内迅速扩大规模和增强实力。没有资本支持的企业成长速度会很慢。在中国，企业的融资主要依赖间接方式，占比高达70%，且较为依赖外部金融机构，这长期造成融资成本过高，压制了创新的能力。而在美国，企业的直接融资占比达70%，从创投到便捷的上市，大大降低了融资成本，有力地推动了企业创新能力的发展。很多企业为了缓解资金压力，承受了高额的融资成本。依赖外部金融机构的资金支持，会大幅侵蚀企业利润。银行在某种程度上变成了企业的负担。很多企业难以发展壮大，很大程度上是因为直接和间接融资的资金成本过高。因此，企业通过资本市场进行直接融资，是其快速成长的必然选择。上市，成为企业实现规模化、资本化、市场化发展的必由之路。

第二，资本市场是个放大器。通过产业资本与金融资本的有效融合，上市公司可以更好地扩大其品牌、声誉、人才、技术等资源优势。同时，上市公司利用这些资源和利益相关者市场，共同创造更大的协同价值。此外，上市公司利用其庞大的资金流延伸到产业链和价值链，通过生产经营与资本运营这两种价值增长方式，提高资金的使用效率。相对于同一行业内的竞争对手，上市公司能够以更完善和合理的方式为股东创造最大价值，实现资金与资本的双向增值，获取产业与金融的协同效应，创造协同发展的价值。

第三，资本是创新的催化剂。产融结合的多元化发展还有利于促进企业的创新及转型。实际上，创新和转型需要金融的配套支持和服务，尤其是利用具有差异化风险偏好的金融资本，可以为创新和转型发展提供容错机制，扩大容错空间，这有利于发现和培育新兴市场，促进新兴产业和业态的发展。

和君集团董事长王明夫在解读产融互动的案例时，提到了思科和红杉。思科的强势崛起是在其上市之后，并购重组是其崛起的基本策略。思科利用其上市的优势，像使用吸星大法一样，把行业内的中小企业纳入自己的体系。在整个过程中，红杉扮演着重要角色。思科利用其技术眼光、产业眼光和全球网络，发现并评估新技术公司。它将这些项目推荐给红杉进行风险投资。投资后，红杉对这些项目进行孵化和培育。如果培育成功，当企业成长到一定阶段时，红杉会将这些企业溢价卖给思科，从而实现投资的变现，或者将投资转换为思科的股票，让投资变相"上市"。这种模式的常态化运作，使思科成为并购领域的领军企业。

在现实中，大多数上市公司的现状是，产业发展曲线在第一波中表现得相当出色，同时伴随着市值的增长。但是，产业发展曲线能否走出第二波、第三波的增长，目前尚不清楚。由于资本市场看不到产业未来的增长预期，资金开始撤离，曾经的高市值成为过去时。对于上市公司而言，关键在于在第一轮产业增长实现后，如何进行第二轮产业布局。企业内部的资源与能力是否能够支撑第二波、第三波乃至第四波的产业增长。如果无法预见产业发展曲线，市值增长曲线迟早会崩溃。

产融互动战略的战略行为可以分为产业管理和市值管理两个部分。其中，产业管理是道，市值管理是术。

产业管理的行动包括五个方面：产业空间与竞争结构的选择，商业模式与战略方向的设计，人才密度与人才体系的提升，组织能力与组织活力的提升，经营指标与运营效率的提高。具体内容见上节的模型介绍与下节的比亚迪案例分析。

市值管理的行动包括价值塑造、价值描述、价值传播和价值实现四个部分。价值塑造是指深挖企业没有被资本市场发现的价值，引领资本市场的价值导向，或者通过选择资本市场认可的行业，整合资源，打造企业的核心能力。价值描述是指通过战略和商业模式的设计，把复杂的问题简单化，向资本市场和利益相关者阐述清楚企业的价值。价值塑造是根本，价值描述是手段。价值传播是将企业的价值通过调研等方式传播给投资相关方，包括分析师、投资者、媒体和监督者等利益相关者，并与他们保持良好的沟通与互动。价值实现包括通过资本市场的融资、并购、股权激励、股权质押、股权减持等手段，实现市值增长的行动。

比亚迪的资本版图

2023年9月27日，比亚迪发布公告，宣布一项创纪录的收购交易。其控股子公司比亚迪电子已于2023年9月26日与捷普新加坡旗下子公司捷普电路（新加坡）私人有限公司签署了《股权收购协议》。比亚迪电子将以约人民币158亿元（相当于22亿美元）的现金收购捷普公司在成都和无锡的工厂。这一交易被认为是比亚迪有史以来最大的一次并购，对于比亚迪电子的发展具有重要意义。

捷普新加坡是纽约证券交易所上市公司捷普的全资子公司，在2023年《财富》世界500强排行榜排名第456位。通过此次收购，比亚迪将进一步扩大其在产业链上下游的掌控力。这也意味着比亚迪将进入苹果的供应链体系，持续壮大其消费性电子代工业务。

直接动用资本力量并购一家世界500强企业，在资本市场上是一件大事。比亚迪的营业收入将因此直接增加相当于一个世界500强的体量。通常，产业经营30年也难以打造出一家世界500强企业，而比亚迪通过资本经营的杠杆，展现了其卓越的运用能力。

直接并购世界500强企业可能也是比亚迪资本运作的巅峰之作，也是比亚迪资本运作能力与水平的一个缩影。

实际上，比亚迪自成立之初就具备了产融互动的特质。

比亚迪的天使投资人，王传福的表哥吕向阳，在投资界具有举足轻重的地位。吕向阳被誉为中国的巴菲特。他领导的融捷集团已经投资了五家上市公司，包括比亚迪、比亚迪电子、融捷股份、融捷健康和华讯方舟。截至2022年11月15日，融捷股份的市值为334.96亿元。有分析师认为，融捷股份的估值尚未达到理想水平。如果按照1万吨锂矿的市场价格进行评估，融捷股份的市值应接近千亿元规模。

2023年，融捷集团官网显示，其资产规模超过3000亿元，吸纳就业人员超过35万人。集团旗下拥有24家成员机构，业务涵盖新能源汽车与燃油汽车、新能源新材料与环保材料、锂电池装备、微电子与柔性显示材料、数字化教育、金融投资与保险、资本运作等多个领域，已经成为一家多元化经营的跨国企业。根据最新公布的《2022年胡润百富榜》，比亚迪副董事长、第二大股东、融捷集团创始人吕向阳及其妻子张长虹以1500亿元的财富排名第11位，比王传福多出50亿元，成为广州首富。

1. 比亚迪的并购

比亚迪自上市以来，已经完成了大大小小上百起并购案。通过这些并购，比亚迪获得了宝贵的牌照资源、先进技术、优秀人才以及重要的客户资源。

比亚迪将上市公司资本运作的核武器运用得恰到好处。

2002年7月，比亚迪刚上市不久就全资收购了北京吉普的吉驰模具厂，为进入汽车制造行业打下了基础。2003年，比亚迪并购了西安秦川汽车，2008年并购了新乡太阳能厂，进入储能领域；2009年，比亚迪成功收购了湖南美的客车制造有限公司的全部股权，从而具备了电动大巴的制造能力；到了2022年，比亚迪又收购了西安西沃客车有限公司。

2003年，比亚迪通过并购西安秦川汽车，进入汽车产业并获得了宝贵的汽车制造牌照。这是比亚迪发展史上的经典并购案例之一，使比亚迪得以进入一个万亿级市场空间的赛道，真正开启了外延式增长的可能性。比亚迪不仅通过并购进入新业务领域，还通过并购加强了现有业务，利用并购来催化现有业务的内生式增长。

2023年9月，比亚迪电子与捷普新加坡签署了框架协议，以约158亿元人民币（约合22亿美元）现金收购了卖方在成都、无锡的产品生产制造业务，包括现有客户的零部件生产制造业务。这次并购是比亚迪历史上最大的一次并购，直接并购了一家世界500强企业。

2. 引入股神巴菲特为股东

2008年9月27日，股神巴菲特以每股8港元的价格认购了比亚迪2.25亿股股份，约占比亚迪配售后总股份的10%，成为其第二大股东。交易总金额约为18亿港元（相当于2.3亿美元）。得益于巴菲特的投资，2009年10月，比亚迪的市值增至1800亿元，超越了欧洲车厂保时捷，成为中国市值最大的汽车股。

截至2021年底，伯克希尔·哈撒韦公司的重仓股数据显示，比亚迪的持股未有变动。这表明，巴菲特自2008年买入比亚迪后，从未减持过。然而，2022年8月24日，伯克希尔·哈撒韦持有的股份数量降至2.19亿股，出售了133万股比亚迪H股，每股平均价格为277.1016港元。据此计算，这笔减持套现近3.69亿港元。按照8月24日的减持价格计算，巴菲特所持比亚迪股票的增值约为33倍。至今，巴菲特仍是比亚迪的第三大股东。

在巴菲特持有比亚迪的14年里，比亚迪的股价经历了多次波动。2008年巴菲特宣布投资后，比亚迪股价一度大涨，但随后又回落。后来，比亚迪还遭遇了经销商风波，由于产品销售不佳导致经销商亏损，财报表现不佳，市场一度认为比亚迪难以翻身，巴菲特的投资可能会失败。然而，巴菲特保持耐心，最终等来了比亚迪的强劲复苏。

巴菲特的入股对比亚迪来说，是一个重要的资本市场信号。巴菲特的价值投资理念为比亚迪在资本市场上提供了稳定支持，也与王传福的理念相契合，使比亚迪在执行新能源汽车战略时能够更加从容，耐心等待成果的显现。

3. 上市，上市，持续上市

2002年7月31日，比亚迪（1211HK）在香港主板成功上市，发行价为10.95港元，成功实现了募资16亿港元的目标。2007年12月20日，比亚迪电子（0285.HK）作为分拆公司正式登陆香港联交所，开盘价为10.74港元，集资约59.125亿港元。2011年6月30日，比亚迪回归A股市场上市，发行价定为18元，首日开盘价为22元，募集资金达到14.22亿元人民币。

在2002年比亚迪港股上市时，王传福从中体会到了国际资本市场的益处。他曾表示："我最大的收获不仅是募资16亿元的成功，而是结识了众多国际投资基金，极大地拓宽了我的视野。"通过上市，比亚迪积累了许多宝贵的经验。

尽管比亚迪在2022年计划分拆比亚迪半导体上市但最终撤回了申请，预计未来上市仍然是公司计划中的一部分。此举可能是为了防止资本的过快扩张，因为车规级半导体在资本市场的过热发展并不利于企业的快速上市。对比亚迪而言，待半导体行业的发展趋于稳定后再选择适当的时机上市，可能更有利于其半导体业务在资本市场的长远发展。

正如王传福本人所说："比亚迪会把子公司10%的股权分配给管理团队，上市后的市值越大，收益也越大。如果我算是取得了一些成就，我们的目标是让每一个子公司都能成为'小王传福'。"当然，这并非易事，需要各零部件公司不断提升自身的竞争力，做好充分准备。仅仅从比亚迪内部赚钱并不足以证明实力，只有当这些子公司能够独立在市场赚钱，才能证明产品具有真正的竞争力。因此，比亚迪提出了市场化2.0战略，即将电机、电池、动力总成等业务以事业部形式推向市场，与同行业竞争。

4. 合资，合资，持续做深生态链

企业若要构建自己的生态链或生态圈，必须拥有一项作为"优势族群"的业务或技术，利用这项优势业务为其他合作伙伴提供"养分"和"生长空间"。对于比亚迪而言，电池、电机、电控技术正是其"优势族

群"业务。

一方面，比亚迪通过与同行业汽车企业的合资，实现技术优势互补。例如，2010年比亚迪与戴姆勒合资成立腾势汽车，2009年与丰田成立电动车科技公司，还与广汽合资成立新能源客车公司，与一汽合资成立一汽弗迪新能源公司等。另一方面，比亚迪以动力电池作为其优势物种，通过与相近或相关行业的公司合资，不断构建和深化其生态圈。

2022年11月8日，比亚迪联合徐工集团共同设立了电池科技公司——徐州徐工弗迪电池科技有限公司，公司注册资本高达10亿元人民币。2023年1月4日，比亚迪新能源动力电池徐州生产基地奠基，该项目位于徐州经济技术开发区，总投资100亿元，建设刀片电池生产线，曾计划2023年12月部分产线投产运营。徐工集团（徐州工程机械集团有限公司）作为我国工程机械行业的领军企业，目前居国内行业第一、全球行业第三、中国机械工业百强第四、世界品牌500强第386位。随着从传统燃油工程机械向新能源工程机械的转变，比亚迪的动力电池技术将获得更广阔的应用空间。

2023年10月，比亚迪与潍柴动力合资成立电池公司，注册资本10亿元。潍柴动力是一家以整车、整机为龙头的企业，2022年营收超过1751亿元。在传统发动机领域，特别是在重卡发动机方面，拥有很大的市场占有率。2023年上半年，潍柴动力销售各类发动机36.7万台，其中重卡发动机销量为14.2万台，市场份额提升至38.4%。然而，面对新能源产业的快速发展，潍柴动力急需在动力电池领域补齐新能源的短板。而比亚迪在家用新能源车市场之外，也需要在卡车等商用车领域加强布局。潍柴动力恰好拥有陕西重汽、潍柴新能源商用车有限公司等企业，提供了应用场景。

这种强强合作，让比亚迪在持续做深生态链上如虎添翼。

5. 投资，投资，持续做广生态链

围绕新能源生态链、新能源汽车生态链、集成电路生态链，比亚迪自2021年起持续进行直接投资，并参与众多基金投资业务。比亚迪在2021年

直接投资了29家公司，2022年直接投资了24家公司，2023年第一季度直接投资了56家公司，金额超过200亿元。在这些投资中，有3家公司正在积极筹备上市。比亚迪持有明皜传感2.48%的股权、尚水智能7.69%的股权、长步道4.08%的股权。此外，比亚迪还认购了多家基金公司的份额，包括VIP Fund基金、粤港澳大湾区科技创新产业投资基金、先进制造产业投资基金二期、京津冀产业协同发展投资基金、易方畅达基金、和谐鼎泰基金等，投资机构包括国投招商投资管理有限公司、中融国富投资管理有限公司等。

在2023年4月"深圳创投日"坪山区活动现场，比亚迪股份董秘、比亚迪投资董事长李黔指出，比亚迪的投资策略是紧紧围绕各个赛道，实现与被投公司的双向赋能。这包括比亚迪为被投公司提供赋能，同时这些被投公司都是各自赛道内的优秀企业，它们能够促进比亚迪的技术进步和产品力的提升，并围绕比亚迪的战略为比亚迪赋能。

电动化是当前汽车行业变革的上半场，而智能化则是下半场。由于上下半场存在交叉，比亚迪的投资策略紧密围绕汽车智能化展开，从感知、决策、执行、通信、存储等环节进行全方位投资。同时，比亚迪也在数据、核心零部件，以及计算、模拟、功率、存储、传感等半导体领域加大投资力度。此外，比亚迪还向上游设备和材料领域增加研究和投资，以形成与比亚迪未来汽车智能化发展战略的高度协同。

比亚迪的投资具有明显的产业资本特征，其战略定位是服务于比亚迪未来的发展战略，确保公司整个供应链的安全，弥补产业链的短板，储备未来的创新技术，并为产品的快速增量迭代提供保障，从而在产品交货和技术开发时实现更好的协同效应。

第三节
比亚迪的市值管理实践

比亚迪的市值管理复盘

项目背景：1999年，比亚迪的营业额达到了4亿元人民币，净利润为4000万元人民币。2000年，比亚迪的营业额增长超过一倍，达到8.7亿元人民币，净利润达到1.3亿元人民币，是上一年的两倍多。2001年，比亚迪的营业额进一步增长至13亿元人民币，净利润增至2.3亿元人民币，实现了快速增长。2002年前四个月，比亚迪的营业额为5.7亿元人民币，净利润为1.6亿元人民币。按照这一增长速度，2002年的业绩有望超越上一年。2002年7月31日，比亚迪在香港H股成功上市，发行价为10.95港元，融资16亿港币，市值约为57亿港元。

据当年业内人士评价，比亚迪在香港股市创下了多项纪录：第一，其发行价在54只H股中排名第一；第二，从6月初股份制公司正式成立到上市所用时间最短；第三，BNP百富勤作为保荐企业，其路演时间最短；第四，面向散户的10%公售部分获得了2.4倍的超额认购，而面向机构投资者的配售部分获得了7倍的超额认购；第五，在道琼斯指数下跌20%、全球投资者普遍恐慌的背景下，比亚迪成功发行股票，成为罕见的案例。

上市后的比亚迪也面临问题和挑战。当时，比亚迪主要是一个消费型充电电池生产商，2001年的13亿元人民币销售额中，大部分收入来自传统的镍电池，主要应用于玩具、手机等领域。比亚迪正处于战略转型的关键时期。接下来，我们将基于企业市值管理非常"6+1"模型，复盘比亚迪的市值管理实战。从刚上市时的57亿港元市值，到20年后超过万亿，比亚迪实现了年均增长超过十倍。这在中国商业发展史上是一幅波澜壮阔、惊涛骇浪的历史画卷，堪称壮观。

2003年比亚迪面临的主要问题和挑战如表7-1所示。

表7-1 2003年比亚迪面临的主要问题和挑战

模块	问题与挑战
产业空间与竞争结构	1. 镍铬电池产业已经进入充分竞争阶段，其产业总规模仅维持在数十亿元左右。比亚迪凭借近10亿元的营业收入，已经稳居全球行业之首。然而，展望未来，该市场的增长空间显得尤为有限。此外，镍铬废旧电池的处理成本高昂，随着全球对环境保护要求的日益严格，镍铬电池行业正面临前所未有的严峻挑战，甚至有被淘汰的风险。 2. 镍氢电池和锂离子电池的增长势头迅猛，尤其是锂离子电池的增长。随着智能手机的广泛普及，其增长空间巨大，已成为比亚迪主要的利润来源。然而，锂离子电池行业的竞争也异常激烈，国内外竞争对手众多，市场环境颇为严峻。 3. 在电池领域的竞争对手主要来自日本。镍铬电池在日本已经被视为淘汰产业，而在国内，镍铬电池也是夕阳产业。镍氢电池也属于过渡型产品。锂离子电池是比亚迪的未来核心产品，但其发展面临来自日本企业的强大竞争压力。日本企业在专利技术和锂离子电池自动化生产设备上占据垄断地位，他们不仅攫取了高额利润，还全力打压中国的竞争对手
商业模式与战略方向	1. 镍铬电池的技术门槛相对较低，它主要作为生产配件，被销售给拥有品牌与销售渠道的消费性电子品牌企业。在国内外，该行业竞争激烈，导致市场空间显得非常有限。 2. 原先，比亚迪的主要客户群体主要集中在国内的消费性电子品牌企业，这些企业普遍对价格较为敏感，每年都要求电池供应商下调价格。2000年12月，比亚迪成为摩托罗拉的锂离子电池供应商；2002年，比亚迪成为诺基亚在中国的第一个锂离子电池供应商。然而，由于产品质量稳定性方面的问题，比亚迪在这两个客户中的市场份额尚未显著扩大。 3. 比亚迪位于产业链上游，其战略发展空间相对较为有限，仅占据了价值链条上的一个点，难以形成完整的线或面，因此，在战略纵深和势

续表

模　块	问题与挑战
商业模式与战略方向	能上都显得不足。这种局面使得比亚迪容易受到下游品牌商的挤压，同时也面临着后来进入者的冲击和蚕食。在国内，比克电池同样专注于电芯业务，并已成功在海外上市，他们凭借资本的力量展开了强势的竞争。此外，还有一些具有更低成本优势的小工厂不断涌入锂离子电池市场，进一步加剧了行业的竞争态势。 4. 比亚迪主营的镍电池产业面临夕阳产业的下坡趋势，而新兴的锂离子电池市场则同时面临来自日本企业与国内新兴进入者的双重竞争压力。比亚迪虽然通过"夹具+人工"的半自动化生产模式突破了日本企业的市场壁垒，赢得了成本优势，却又面临着国内新兴进入者通过不交社保、不提供劳动保护等不规范管理降低成本来进行恶性竞争的挑战。 5. 镍电池市场空间仅仅几十亿，锂离子电池当时的市场空间不过百亿，而比亚迪的雄心是超越千亿规模。显然，现有的产业无法满足企业长远发展的需求，因此比亚迪迫切需要找到新的行业领域进行突破。当时，有两个大产业方向可供选择，一是集成电路产业，二是汽车产业。然而，比亚迪上市时只融资了 16 亿港元，而这两个产业的投资门槛都高达百亿级别，公司面临着资金有限而投资需求巨大的挑战。 6. 资本市场普遍对比亚迪的多元化战略持反对态度，甚至有声音扬言若比亚迪坚持多元化，将用市场的反应来给予警示。自 2003 年 1 月比亚迪收购秦川汽车后，这一举措遭到了资本市场的强烈反对，导致公司股票价格首次跌破发行价。面对这样的局面，比亚迪需要权衡的是：是顺应资本市场的期望，还是坚持自己的发展路径，我行我素
人才密度与人才体系	1. 比亚迪最大的短板在于缺乏专业人才。公司迅猛的发展导致了大量人才缺口，尤其是技术人才的缺乏，这已成为制约公司发展的最大瓶颈。招聘部门是公司最忙碌的部门，尽管承受着巨大压力，但仍然难以满足公司对人才的巨大需求。 2. 内部人员的专业技能严重不足，作业流程不规范。员工培训与发展体系极其不完善，员工对培训与发展的满意度极低。 3. 公司缺乏系统的人才选拔体系。随着公司规模的扩大，集团难以统一管控各事业部与各地区的人事任命权。直线经理控制人事权，开始组建小圈子，出现了拉帮结派的现象。 4. 公司长期依赖个别英雄人物，而这些英雄人物难以被复制。 5. 公司人才密度低，人才梯队尚未形成，后备人才储备严重不足

续表

模块	问题与挑战
组织能力与组织活力	1. 从单一业务向多元化业务转型后，相关的经营决策、组织管理规则不够清晰，增加了内部控制的难度。特别是跨地区管理，使得组织管理的难度进一步加大。 2. 组织中存在严重的本位主义问题，部门之间的隔阂高耸，各自为政的现象导致内部资源的无谓消耗。随着不断收购新公司，整合来自不同公司的资源变得尤为艰巨。尤其是收购不同公司后，比亚迪现有文化与不同公司的文化冲突进一步显现。 3. 缺乏跨部门的结构化流程，各部门都有自己的流程，但部门间的流程衔接主要依靠人工，导致运作过程被割裂。 4. 数字化程度较低，比亚迪甚至没有 OA 系统。西安、北京、上海三大厂区在设立后的内部信息系统管理混乱。 5. 虽然有绩效管理，但不够科学。绩效考核主要依赖直线经理的个人评价，基本上没有进行绩效面谈。薪酬体系中，除了经理层以上有股权，大部分员工虽然将工资的20%列为绩效工资，但几乎很少扣减，导致内部激励性不强。 6. 内部项目计划效率低下，文化保守僵化，过于技术驱动并倾向于以自我为中心。这导致了对客户需求的关注不足，缺乏准确性和前瞻性，从而频繁进行无效劳动，浪费资源，并引发了高成本问题。 7. 生产人员缺乏精益生产思维与方法，遇到问题往往采取推倒重来的方式，导致问题重复出现，带来较大的成本。事业部一线人员的离职率高达150%。 8. 比亚迪采用半自动化流水线操作，这在一定程度上导致了产品交付质量的不稳定性。频繁发生的售后服务问题不仅打乱了原有的研发节奏，还逐渐侵蚀了企业的利润空间。 9. 逆向研发带来了公司知识产权的问题层出不穷

敢于直面问题、勇于自我挑战和超越的公司，才称得上是优秀的公司。如果比亚迪在上市后回避新的挑战，它或许能享受几年安逸的生活，但最终可能沦为一家普通的中小型公司。如果比亚迪满足于资本的期望，仅仅固守在锂离子电池业务上而不去探索多元化发展，那么它可能成为一个小富即安的公司，或者被新兴的竞争者如宁德时代所超越。

历史不容假设，但比亚迪坚定地选择了充满挑战的道路，勇敢地踏上了充满未知的广阔海域，开启了追求心中宏伟目标的征途。

比亚迪市值管理关键举措，如表7-2所示。

表7-2　比亚迪的市值管理关键举措

模　块	关键举措
商业模式与战略方向	1. 客户同源战略：公司实施了"一站式销售"战略，投资近2亿元人民币，全面进入手机零部件制造领域，覆盖了从手机电池、外壳、显示屏、天线等几乎所有核心部件的生产，直至手机组装。这一战略旨在沿着超级大客户的需求导向，实现手机产业链的垂直整合。在此过程中，公司直接与当时的世界500强企业——富士康的手机事业部展开了正面竞争。 2. 技术同根战略：2003年1月22日，公司跨行业收购西安秦川汽车，成立了比亚迪汽车有限公司，并在西安市高新技术产业开发区征地100万平方米，建设新厂房，打造西安生产基地。 3. 技术同根战略：2003年，公司收购了北京吉驰汽车模具有限公司，占地面积20万平方米；同年，在上海建立了上海比亚迪工业园，占地面积56万平方米，并将汽车销售总部迁至深圳，形成了辐射全国的全方位布局：东至上海、南至深圳、西至西安、北至北京。 4. 技术同根战略：公司沿着传统的汽车产业链与新能源汽车产业链，实行对所有汽车零部件的全面垂直整合模式。 5. 人才复用战略：公司提炼并总结了独具特色的创新基因，包括拆解组合原理与零部件的垂直整合原理。围绕核心精密制造技术平台与锂离子电池化学物理技术平台，持续推进逆向整合、垂直整合以及全链条整合策略，深入贯穿整个产业链，旨在实现全面的协同效应。这一过程将有效降低产品成本，并显著提升产品质量。 6. 商业模型式的持续扩张：比亚迪成功地从单一的手机代工商业模式转型为融合手机代工与汽车品牌产品相结合的双轮驱动战略。公司不断向高端市场发起挑战并实现逆袭，技术模式也经历了从复制、模仿到持续创新，直至技术引领全球的转变。在此过程中，公司始终致力于提升商业模式的可延展性，并持续增强盈利能力
人才密度与人才体系	1. 公司全面启动应届毕业生的招聘，持续提升人才密度。从原来每年招聘百人左右的应届生，到2003年后每年数百人、数千人的招聘计划，2022年直接增加到一年招聘30000名应届生的规模。公司成立专门管理应届毕业生的部门，在主要招聘高校设立寒门学子奖学金，每年在各高校投入百万元以上奖励学生；在主要招聘高校成立比亚迪俱乐部，将应届毕业生的招聘提前到大二就可以来见习，从大学生中优中选优。

续表

模　　块	关键举措
人才密度与人才体系	2. 成立专门对外猎聘的猎聘重装旅，全球猎聘公司所需要的专业人才，特别是领军人才。为了引入人才，甚至不惜花大价钱进行公司并购，持续壮大研发队伍与工程核心技术人才团队。 3. 成立集团干部部，由集团统一对 E 级以上干部进行管理。干部的晋升实行提名权、评审权、决定权三权分立；注重干部的人才结构建设，在干部中形成创业元老、外聘骨干、内部培养各占三分之一的三三制结构体系，实行高管轮岗培养计划。 4. 建立集团的人才标准体系，实施人才梯队与储备干部计划，建立高层、中层、基层三层干部管理队伍；建立干部、研发、工程三支队伍的梯队储备人才。 5. 成立集团教育训练中心，建立全集团三级人才培训体系，按 CAD 人才发展模型成立各项人才培训班，并安排专项人才发展计划。成立比亚迪技工学校，培养比亚迪自己需要的复合型技工。 6. 围绕家庭建设福利保障，公司建设亚迪村，为员工提供内部低价住房；设立内部优惠购车与配车计划，员工可以享受公司内部无息借款，优惠购买公司生产的车辆。与深圳最好的学校深圳中学合作成立深中亚迪学校，解决内部员工的子女教育问题。让员工有房住、有车开、子女有好的教育
组织能力与组织活力	1. 根据一线业务的需要，公司持续进行组织变革：从集团强管控模式转变为弱事业部制，再进一步发展为强事业部制。成立了从第一到第十事业部的手机产业集群，以及从第十一到第十九事业部的汽车产业集群。 2. 持续放权的同时，进一步规范授权，将人力、财务、集中采购权限集中于中央，实行中央与事业部的矩阵式管理体系。这确保了人、财、物的统一管理，有利于产生集团的协同效应。同时，将市场作战权下放给事业部，充分发挥事业部作为利润中心的战略功能，让能够直接感受市场变化的人来指挥战斗。 3. 实施流程再造项目，成立了专门负责流程与信息化建设的组织。推动全公司持续进行数字化建设，每年固定拨款投入于流程优化与信息化建设中，对流程体系进行全面深化的变革与创新。 4. 将品质体系负责人何龙提拔为锂离子电池事业总经理，并全面导入工程标准化体系建设。从工程标准的公差角度设计品质的管控体系，在设计环节就持续完善品质管理水平。通过精细化的品质管理与工程标准化体系建设，即使使用半自动化流水线也实现了全自动化产线的

续表

模　块	关键举措
组织能力与组织活力	产品品质效果，持续赢得大客户的订单，并将工程标准化体系建设积累的经验推广到全集团。 5. 强化研发体系的组织能力建设，基于研发组织的创新性，建立了与生产组织完全不同的绩效管理体系与激励体系。将公司的研发体系与工程体系打造成人才密度最高的区域，将研发项目变成一个个创业型项目，孵化出成形产品后直接转化成事业部，实现从研发小组组长到事业部总经理的裂变式成长。这一过程被形象地比喻为一场持续打怪升级的游戏。 6. 将拆解组合原理体系引入精密制造中，持续进行精益生产体系的变革与优化。成立成本部与工业工程部，将成本核心与工业工程改善细化到每个产品上，并将成本与员工的奖金相挂钩。 7. 建立多层次、多元化的激励体系，设立事业部总经理专项奖金，授权总经理对员工进行及时激励。形成了工资、专项奖金、年终奖金、股票期权等多元激励体系，持续激发组织活力
4R关系与股东结构	1. 高度重视4R关系，不仅有董秘办与投资部，还专门成立了公共关系部，维护各方舆情与公共关系。 2. 引入股神巴菲特为股东。2008年9月27日，巴菲特以每股8港元的价格认购了比亚迪2.25亿股股份，约占比亚迪本次配售后10%的股份，成为其第二大股东，交易总金额约为18亿港元（相当于2.3亿美元）。得益于巴菲特的投资，2009年10月，比亚迪市值增至1800亿元，超越了欧洲车厂保时捷，并成为中国市值最大的汽车股。 3. 持续进行并购与出售，内生式成长与外延式增长相结合。比亚迪上市至今，进行了大大小小数十起并购案。通过并购获得宝贵的牌照资源、先进技术、优秀人才和难得的客户资源。并购西安秦川汽车，切入汽车产业，获得了难得的汽车制造牌照。2023年9月，比亚迪动用158亿元并购了世界500强企业捷普集团，成为比亚迪"史上最大"收购，切入苹果供应链体系，持续壮大消费性电子代工业务。 4. 上市，上市，持续上市。2007年12月20日，比亚迪分拆比亚迪电子（0285.HK）正式登陆香港联交所，开盘价10.74港元，集资约59.125亿港元。2011年6月30日，比亚迪回归A股上市，发行价18元，首日开盘价22元，募集资金14.22亿元人民币。2022年再次分拆比亚迪半导体上市虽最终撤回，预计未来上市仍是计划中的事。 5. 合资，合资，持续合资做深生态链。2010年比亚迪与戴姆勒合资成立腾势汽车；2019年比亚迪与丰田成立电动车科技公司；比亚迪还

续表

模块	关键举措
4R关系与股东结构	与广汽成立新能源客车公司，与一汽成立一汽弗迪新能源公司，与徐工成立徐工弗迪电池公司；2023年10月，比亚迪与潍柴动力合资成立电池公司，注册资本10亿元。 6. 投资，投资，持续投资做广生态链。围绕新能源生态链、新能源汽车生态链、集成电路生态链，比亚迪从2021年开始连续发起直接投资，并参加众多基金投资业务。比亚迪在2021年直接投资了29家公司，2022年直接投资了24家公司，2023年第一季度直接投资了56家公司，金额超过200亿元。已投公司中有3家正在冲刺上市。其中，比亚迪持有明皜传感2.48%股权、尚水智能7.69%股权、长步道4.08%股权。比亚迪还认购了大量基金公司的份额，包括认购VIP Fund基金、粤港澳大湾区科技创新产业投资基金、先进制造产业投资基金二期、京津冀产业协同发展投资基金、易方畅达基金、和谐鼎泰基金等基金公司的份额，入资机构包括国投招商投资管理有限公司、中融国富投资管理有限公司等

市值管理成果

比亚迪以250万元的注册资本金和20名员工起步，专注于电池业务。借助上市所筹集的资金，以及技术和管理的支持，比亚迪通过客户同源、技术同根、人才复用三大多元化战略，成功进入手机代工行业和汽车行业。随后，比亚迪将比亚迪电子分拆并单独上市，进行了又一次融资，并通过回归A股市场再次上市。至此，比亚迪已经拥有了三家上市公司，通过上市直接融资超过90亿元。

上市不仅为比亚迪带来了资金和更广阔的资本运作平台，还带来了广泛的关注和品牌价值。由于在新能源行业的领先地位，比亚迪还获得了巴菲特的投资。此外，通过并购与出售、持续的投资与合资，比亚迪不断加强其产业的护城河，形成了一个庞大而繁荣的新能源产业生态系统。这一系统与多方利益相关者实现了共赢，使比亚迪成为继华为之后的又一家国家重要企业。

基于企业市值管理非常"6+1"模型得出比亚迪的资本画像，如图7-3所示。

第七章 十倍创新资本

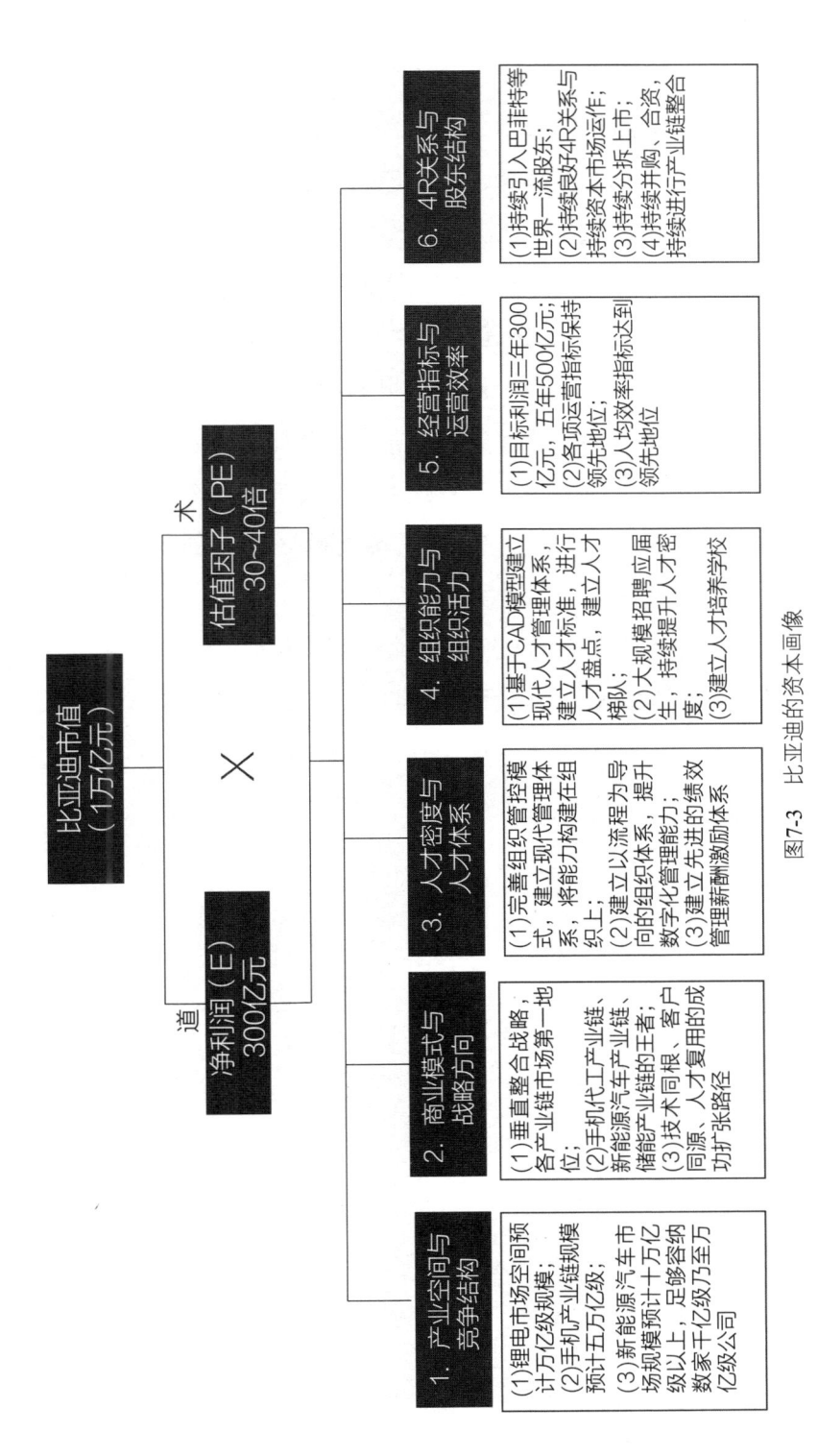

比亚迪市值（1万亿元）= 净利润（E）300亿元 × 估值因子（PE）30~40倍

（道）净利润（E）300亿元

（术）估值因子（PE）30~40倍

1. 产业空间与竞争结构
(1) 锂电市场空间规模预计万亿级规模；
(2) 手机代工产业链预计五万亿（元）级；
(3) 新能源汽车市场规模预计十万亿级以上，足够容纳数家千亿级乃至万亿级公司

2. 商业模式与战略方向
(1) 垂直整合战略，各产业链市场第一地位；
(2) 手机代工产业链、新能源汽车产业链、储能产业链的王者；
(3) 技术同根、客户同源、人才复用的成功扩张路径

3. 人才密度与人才体系
(1) 完善组织管控模式，建立现代管理体系，将能力构建在组织上；
(2) 建立以流程为导向的组织体系，提升数字化管理能力；
(3) 建立先进的绩效管理薪酬激励体系

4. 组织能力与组织活力
(1) 基于CAD模型建立现代人才管理体系，建立人才标准，进行人才盘点，建立人才梯队；
(2) 大规模招聘应届生，持续提升人才密度；
(3) 建立人才培养学校

5. 经营指标与运营效率
(1) 目标利润三年300亿元，五年500亿元；
(2) 各项运营指标保持领先地位；
(3) 人均效率指标达到领先地位

6. 4R关系与股东结构
(1) 持续引入巴菲特等世界一流股东；
(2) 持续良好4R关系与资本市场运作；
(3) 持续分拆上市；
(4) 持续进行并购、合资、持续整合产业链

图7-3 比亚迪的资本画像

截至2023年11月，比亚迪A股（002594）的市值接近7000亿元人民币；港股比亚迪股份（01211）的市值为7100亿元人民币；比亚迪电子（00285）的市值为850亿元港币。这三家上市公司的合计市值接近15000亿元人民币。在市值高峰时，比亚迪A股（002594）单家公司的市值超过了万亿元人民币，成为中国制造业中罕见的万亿级市值公司之一。比亚迪上市20年来，市值增长了200多倍，年均增长率超过10倍。这不仅仅是10倍股，更是一年十倍的创新股。比亚迪早期投资者的回报接近2万倍，这在全球投资界都是卓越的成绩。如果你在2011年比亚迪回归A股上市时购买了比亚迪的股票，当时的购买价格约为22元，而在A股高峰期时股价达到了350元，投资回报率超过了15倍。巴菲特最近减持部分比亚迪港股的投资回报达到了33倍。

比亚迪将市值当成企业的制空权，通过产融互动，以金融为器，以产业经营为道，以资本经营为术，成为中国民营企业的典范与标杆。比亚迪在资本运作方面的能力与水平，甚至超过了华为。

| 后记 |
华朗的理想与使命

　　如果不是理想的指引,我们很多人没有办法走出重重的大山,建立自己的小小事业,我也是这众多寻梦者中的一员。苏格拉底曾说,世上最快乐的事,莫过于为理想而奋斗;一个人的理想越崇高,生活就越纯洁;一个人如果不献身给一个伟大的理想,生命就毫无意义。理想关乎意义,关乎价值,关乎信仰,关乎人生与组织的走向,关乎人生初始动力的源泉。理想像太阳,像灯塔,像航标,像青春的花朵,像荒漠中的甘泉。理想是石,敲出星星之火;理想是火,点燃熄灭的灯;理想是灯,照亮夜行的路;理想是路,指引你走向成功。

　　人的生命只有一次,生命本来就是脆弱的,但是有了理想的支撑,生命就可以变得坚强;理想是一曲响彻云霄的凯歌,每一个音符都是生命的归宿。一个人或一个组织,最重要的事情,莫过于早早地找到了自己活着的使命,描绘出了终生奋斗的蓝图。理想其实是一幅关于人生意义与价值的地图,有了理想,人生就越发崇高;有了理想,人生就百折不挠;有了理想,人生的苦乐就皆成乐章。

　　华朗成立于2008年1月8日。华朗咨询的理想是什么呢?正如《华朗的使命与愿景》一文所说的,未来的华朗咨询,是由一群信仰"一切为了提升生命的效能"为使命的追求者组成的,是"七个一"的信仰者。这里是一个中国商业创新思想的策源地,是一部传世创新思想作品的群创者,是一所创新元能力的训练学校,是一万家十倍增长受益的亲密客户,是上千位志同道合的亲密战友，是一家受人尊重的一流的教育与咨询品牌，是一股信仰创新、创造与传播创新文化的澎湃铁流。

要实现这个理想，对于一个小小的咨询公司来说比登天还难。然而，既然它是我们的使命与理想，我们就得坚定持续地信任并向往它。追求理想的道路从来不会平坦，一切的坎坷都是信念的磨刀石。使命是起点，理想是方向，而核心价值则是路径。现实是此岸，理想是彼岸，中间是滔滔的江河，需要我们架一座通往彼岸的桥梁。架这座铁桥的工具，我们姑且称之为一二三四五六模型，这是华朗咨询企业文化的核心体现。"一"是一个使命，"二"是两套心法，"三"是三套体系，"四"是四项基本原则，"五"是五大核心产品线，"六"是六大核心价值观。

一个使命：一切为了提升生命的效能

生命是世间至宝，生命的效能是一切意义与价值的起点。生命的效能让我们不仅活在当下，更与永恒相连。我们倡导积极心理学，以主观幸福感为核心，以积极的体验、积极的人格、积极的组织为支撑点，构建学创型组织，释放内在的创造力，展现生命的活力。我们坚信，每一个生命都是独一无二的存在，每一个生命都承载着神圣的使命。提升生命的效能，意味着让生命与组织成为更好的自己，展现其天性中最美好部分，使每一个生命和组织都能找到并实现其使命。

我们终其一生，全力以赴，只为追求这一使命："一切为了提升生命的效能。"生命不仅仅是个体的存在，更是一个更高级的组织。一个高级的组织体，本质上也是一个生命体。而且，组织的生命有可能比个体的生命更长久、更完整。一个组织有可能将创始人甚至一群人的使命延续、传承，并将其发扬光大。

两套心法：深度思考法和穿透学习法

咨询师需要迅速洞悉事物本质，其制胜法宝在于训练有素的思维穿透力。华朗咨询在早期大量采用麦肯锡的结构思考方法来训练员工，但经过多年的使用，我们发现了其重大缺陷：过分依赖结构化导致思维固化和呆板。结构化是一种收敛型思维模型，能够快速构建解决问题的思路，但由于缺乏发散性思考，创新性不足，容易生搬硬套。

因此，华朗咨询根据芒格的启示，创立了多元结构思考方法体系来训练思考力，以实现更全面的深度思考。我们总结了一套深度思考的基本步骤，并建立了200多个多元思维模型，涵盖了近2000个常用工具方法，这些都能有效地提升深度思考的能力。

高效学习是一门技术活。同样的努力程度，由于方法不同，学习效果可能大相径庭。学习不仅仅是智力增长的游戏，更是思维方法量变到质变的过程。我们原创的穿透学习法，其核心在于通过"模型学习+刻意练习+系统运用"三个步骤，用输出倒逼输入。首先，通过把书读薄，用一个模型概括一本书的整体结构；然后，再把书读厚，将自己的实际经验和切身体会套入场景中进行复盘训练；最后，通过真实场景的案例模拟训练思维，并通过授课或项目交付的方式，将所学知识转化为实践。

实践是认识的基础和源泉，是认识的目的和动力，也是检验真理的唯一标准。同样，一切学习的目的都在于运用，只有运用才能实现知行合一，学习来源于实践并服务于实践。我们整理了一套模型，目的是从实践中萃取案例，帮助人们快速完成从理性到感性，再从感性到理性的螺旋式上升的认知过程。这是一套类似于易筋经和吸星大法的高效学习法。

三套体系：员工快速成长体系、项目现场管理体系、全方位多层次激励分配体系

员工快速成长体系是一套基于深度思考法和穿透学习法，进行系统学习规划和检查学习成效的体系。其核心思想是"以输出倒逼输入，实战出真知，在战争中学习战争"。公司强调，学习的主体是员工自己，而非公司。公司的角色是为员工成长提供平台、机会、氛围以及常态化的保障和激励机制。

公司每年会推荐100本书、100小时的课程（包括视频）、100份招股说明书或年报给员工，并要求员工完成100个案例拆解和100篇反思日记，这被称为华朗咨询员工成长的"五个一百工程"。"五个一百工程"由每年100本书、100小时课程、100份招股说明书、100个案例拆解和100篇反思日记组成，是员工快速成长体系的核心。为配合"五个一百工程"，公司设立了七大常态化学习机制，具体包括新员工特训营（或专项技能特训营）、项目经理特训营、每年端午节和春节两次全员学习节、每月的管理例会、每人每年必须授课24小时以上、发表文章4篇以上，以及为每个项目配备的项目实习计划等公司常态化培训计划。公司的常态化学习和员工的自修计划相结合，相互配合、相辅相成。公司实行学分制管理，员工积累的学分可以兑换成向高手请教的机会、书籍、旅游、休假等。

员工快速成长体系与项目现场管理体系共同构成了公司的标准化文件《员工成长与项目管理手册》。该手册包括企业文化篇、员工成长篇、项目开发篇、项目执行篇、日常管理篇、项目总结篇、健康生活与诗意人生篇等七篇，涵盖了员工成长的全生命周期和项目管理的全生命周期。公司的全方位多层次激励分配体系是基于员工在不同成长周期中的核心需求而设置的激励与分配机制，包括物质激励、成长激励、各种荣誉激励等。所有激励分配机制及公司的管理要求都由公司的标准化文件《公司管理与激励手册》规范确定。

四项基本原则：以客户为中心、以奋斗者为本、长期坚持艰苦奋斗、坚持自我批判精神

四项基本原则揭示的是公司管理的本质。公司管理有两个原点：一是客户；二是员工。公司绩效管理的两个终极指标是客户满意度与员工满意度。客户价值是企业生存之本，管理有效的员工是公司立根之基，艰苦奋斗是任何事业成功的必然法则，自我批判是成长的基石。自我批判不是为批判而批判，也不是为全面否定而批判，而是为优化和建设而批判。总的

| 后记 |

目标是要提升公司整体核心竞争力。

五大核心产品线：新媒体与在线教育产品线、战略发展产品线、组织发展产品线、人才发展产品线、集中采购产品线

新媒体与在线教育产品线隶属于教育板块业务，是公司的核心业务，肩负着品牌推广和面向C端业务的重要任务，它位于公司业务接触的最前沿。教育产业的未来发展可能不在于无差别的产品，而在于可复制的服务。教育产业是一个幂律市场，符合"赢家通吃"的法则，因此战略指导思想是扩大业务规模，追求规模发展。咨询板块业务包含四条产品线：战略发展产品线、组织发展产品线、人才发展产品线和集中采购产品线。这四大产品线既可以独立提供解决方案，也可以在三年内整体导入，其核心思想是基于本书的十倍创新方法论体系和"1+6"十倍创新经管模型。咨询业务具有"千人千面"的特点，是一个分散的市场，必须提供个性化的高附加值服务。许多咨询公司试图提供标准化的咨询产品，但最终都以失败告终，正如中国不能简单地复制苏联的革命路线一样。企业的特殊性是其主要矛盾，只有经过特殊思维训练和各种场景训练的专业人士才能提供有针对性的服务。公司通过多元结构思考力训练体系，建立了200个深入浅出的多元思维模型，并结合各种场景的案例训练，能够为客户提供基于各种特殊场景的解决方案。咨询业务高度依赖于人才，华朗咨询的多元结构训练体系和日积月累的案例库将为咨询师的成长提供批量成才的机会。集中采购产品线是一条结合咨询与实操的产品线，它不仅提供咨询服务，还可以直接参与降本增效，从降低成本的收益中分享利润。

六大核心价值观：成就客户、快乐工作、激情创新、自我批判、专业主义、大局意识

价值观是公司对外的底线，对内的规则。一个人的愿望是梦想，一群人的愿望是理想，一群有理想的人必须有相同的信念才能成就一番事业。

有文化和有核心价值观的企业知道什么钱该挣、什么钱不该挣，知道该坚守什么、放弃什么。

成就客户：成就客户是华朗咨询存在的唯一理由，客户需求是推动华朗咨询发展的原动力。我们工作的指导方向和价值评价的标准，是为客户提供有效的服务。成就客户，本质上是成就我们自己。要实现这一点，首先要准确理解客户需求，这可以通过调查研究来实现。毛主席曾指出："没有调查就没有发言权。"理解客户需求是项目始终的核心，项目始于顾问对客户痛点的准确把握，并提出高屋建瓴的解决方案。有效的解决方案必须贴近公司实际情况，准确把握主要矛盾及其主要方面，实现知行合一。

要实现知行合一，必须遵循"去粗取精，去伪存真，由此及彼，由表及里"的十六字方针。成就客户包含以下四个方面：第一，客户的观点不一定总是正确的，但客户需求必须被理解和尊重。第二，从客户的角度出发进行思考，并使用客户能够理解的语言进行沟通。第三，以客户为中心构建组织能力。第四，聚焦于创造真实且长期的客户价值，并引领客户共同成长。成就客户可以从以下四个维度进行：根据客户需求提供有效的解决方案；正确选择高价值客户，并持续陪伴客户成长；培养具有成就客户能力的团队；建设具有成就客户文化的组织。

快乐工作：快乐工作是咨询人的底色。我们四海为家，远离亲友，来到陌生之地，不断适应各种环境。若非真正的热爱，许多人可能难以坚持。咨询人的快乐源于工作本身，忘我工作，创作出美好作品，如同庖丁解牛般，感受到澎湃的福流。工作本身就是最好的奖赏。在咨询人的生活里，工作与生活密不可分。我们像享受生活一样快乐地工作，同时像对待工作一样认真地生活。只有认真对待生活，生活才会公平地对待你；只有快乐地工作，工作便是最好的生活。快乐工作旨在塑造更优秀的自我，它代表着对生命的热爱，乐观向上的态度，以及追求内在张力与美感。

| 后记 |

快乐工作包含以下五个方面：第一，保持乐观坚毅，克服玻璃心，反对脆弱性。第二，自律自信，不抱怨、不计较、不找借口。第三，心怀感恩，拥有强烈的使命感和责任心。第四，客观地认识自己，承认自己的不足，不断进行自我反思与反省。第五，直面问题，不逃避，接纳问题带来的痛苦，并寻找解决办法。

激情创新：激情是怦然心动的感觉，创新则意味着与众不同。激情为创新准备灵感，创新为激情留下作品。激情在创新中点燃，创新在激情中实现。激情成就梦想，创新把握未来。激情创新至少包含以下五个维度：第一，找到工作的真正意义，对工作充满热忱，忘我投入。第二，以开放的心态面对新事物，接受不确定性，并从中寻找机遇。第三，勇敢面对困难，挑战那些看似"不可能"的任务。第四，不仅能为自己赋能，还能激发团队或合作伙伴的热情。第五，不断创造并探索十倍以上的不同。

自我批判：自我批判的本质在于反思，它是思维核心的一种自我进化。在不断实践和快速迭代升级认识的过程中，需要勇敢地面对错误。弱者不敢承认不足，强者持续改正错误。自我批判是勇敢，是反思，是进化，是自我成长。自我批判的目的在于不断改进和进步，它不是自我否定，而是自信和自强。自我批判不是相互批判，而是自我反省。它是一种踏实的工作态度，面对问题时不是推卸责任，而是从自我角度寻找问题，这更有利于自我成长，也有利于部门间的沟通和合作。只有坚持自我批判，才能倾听、扬弃并持续超越，才能更容易尊重他人并与他人合作，实现客户、公司、团队和个人的共同发展。

专业主义：专业是门手艺，专业主义则是手艺人的匠心精神。为了更好地满足客户需求，我们必须积极进取、精益求精、勇于开拓、激情创新。专业主义者承认"无知"，并持续学习；专业主义者尊重常识和规律，追根溯源，探究本质；专业主义者独立思考，用事实说话，提出客观且有价值的质疑；专业主义者精益求精，宁缺毋滥，竭尽所能做到最好；

专业主义者先做正确的事，再正确地做事。

　　大局意识：大局意识是指拥有整体观和战略眼光。它的本质在于胸怀全局和团队合作。正如古语所言："不谋全局者不足以谋一域，不谋万世者不足以谋一时。"大局意识要求我们具有远见，不计较眼前的得失，而是从长远和广泛的角度出发，以实现最大利益，并准确把握大局势的发展方向。全局观念是一种从系统整体及其全过程出发的思想和准则，它是用来调节系统内部个人与组织、组织与组织、上级与下级、局部与整体之间关系的行为规范。具有全局观念的人会从组织整体和长期的角度出发，进行决策和开展工作，以确保公司的健康发展。具体来说，包括以下四点：第一，认清局势。深刻理解组织的战略目标，以及组织中局部与整体、长期利益与短期利益的关系，还有实现组织战略中其他关键因素的作用。第二，尊重规则。具有强烈的纪律和制度意识，尊重企业运作中的各种规则，不会因为局部的小利益而轻易破坏规则和已经建立的平衡与秩序。第三，团结协作。鼓励部门间的相互支持和默契配合，共同完成组织的战略目标。第四，甘于奉献。明确局部与整体的关系，在决策时能够全面考虑；以企业发展的大局为重，在必要时能够勇于牺牲局部的"小我"和暂时利益，为实现企业战略和长远发展的大局让路。

　　以上就是华朗咨询文化的六脉神剑。

　　理想很丰满，现实很骨感。理想是星星之火，可以燎原；理想是星星点灯，可以照亮前程。华朗人是极致的理想主义者，我们寻着微茫星光，用左手温暖右手，也敢于踏上漫漫黄沙戈壁，驰向茫茫的星辰大海；华朗人也是极致的现实主义者，我们用理性的思维、科学的方法、严密的逻辑、正确的推演、坚毅果敢的勇气，在遵循客观规律的前提下积小胜为大胜，一步一个脚印，一步一滴汗水，艰苦奋斗，玉汝于成。

　　从"一切为了提升生命的效能"的使命出发，创业路上的所有艰辛都转化为甜美的祝福。多年来，我们赢得了众多灯塔式客户的青睐与信任。

| 后记 |

我们服务了青岛海控资本集团、隆基股份、新疆广汇等千亿级客户，并成为青岛西海岸新区组织部、青岛西海岸新区国资局、青岛西海岸新区人才集团、董家口发展集团、海高集团、黄发集团、荣泰集团、阳光纸业、金百泽（301041）、尔康制药（300267）、奥尼电子（301189）等近百家公司与组织的长期合作伙伴。他们进一步验证和发展了"多元结构思考力模型""'1+6'十倍创新经管模型""十倍增长系列模型""企业市值管理非常'6+1'模型"的体系与方法，既是共创者也是受益者。

在"一切为了提升生命的效能"的道路上，我们汇聚了一群拥有共同使命的人，我们也期待更多志同道合的人加入我们。一切为了提升生命的效能，创造一件件美好的作品，实现人生的救赎与超越，让我们的人生变得更有价值和意义。这正是我们的诗与远方，也是我们的使命与终极追求！

反侵权盗版声明

  电子工业出版社依法对本作品享有专有出版权。任何未经权利人书面许可，复制、销售或通过信息网络传播本作品的行为；歪曲、篡改、剽窃本作品的行为，均违反《中华人民共和国著作权法》，其行为人应承担相应的民事责任和行政责任，构成犯罪的，将被依法追究刑事责任。

  为了维护市场秩序，保护权利人的合法权益，我社将依法查处和打击侵权盗版的单位和个人。欢迎社会各界人士积极举报侵权盗版行为，本社将奖励举报有功人员，并保证举报人的信息不被泄露。

举报电话：（010）88254396；（010）88258888

传 真：（010）88254397

E-mail：　　dbqq@phei.com.cn

通信地址：北京市万寿路173信箱

     电子工业出版社总编办公室

邮 编：100036